AF347737

बस यूँ हीं !

BY

अंजन कुमार ठाकुर

pencil

ISBN 978-93-5438-609-1

© अंजन कुमार ठाकुर 2020

Published in India 2020 by Pencil

A brand of

One Point Six Technologies Pvt. Ltd.

123, Building J2, Shram Seva Premises,

Wadala Truck Terminal, Wadala (E)

Mumbai 400037, Maharashtra, INDIA

E connect@thepencilapp.com

W www.thepencilapp.com

All rights reserved worldwide

No part of this publication may be reproduced, stored in or introduced into a retrieval system, or transmitted, in any form, or by any means (electronic, mechanical, photocopying, recording or otherwise), without the prior written permission of the Publisher. Any person who commits an unauthorized act in relation to this publication can be liable to criminal prosecution and civil claims for damages.

DISCLAIMER: *The opinions expressed in this book are those of the authors and do not purport to reflect the views of the Publisher.*

Author biography

अंजन कुमार ठाकुर बिहार के ग्रामीण परिवेश में पले बढ़े भारतीय हैं जिन्हें अपने अध्ययन काल में मिथिला, मगध और इन्द्रप्रस्थ की भूमि ने अपनी गोद में पाला और आजीविका के दौरान ब्रजभूमि की धूलि मस्तक में लगाने का अवसर मिला। सम्प्रति वीर योद्धाओं की भूमि राजस्थान में मारवाड़ की धरती पर शिक्षक के रूप में अपनी भूमिका निभा रहे हैं। नालन्दा की भूमि से औपचारिक ज्ञान का अंकुरण हुआ और माध्यमिक और स्नातक स्तर तक की शिक्षा क्रमशः राजकीय कृत उच्च विद्यालय कराय परसुराय नालन्दा तथा श्रीचन्द उदासीन महाविद्यालय हिलसा (मगध विश्वविद्यालय बोध गया) में मिली। स्नातकोत्तर शिक्षा के लिये ये चन्द्रधारी मिथिला विज्ञान महाविद्यालय दरभंगा (ललित नारायण मिथिला विश्वविद्यालय दरभंगा) के छात्र रहे और शिक्षा स्नातक बनने का सौभाग्य केन्द्रीय शिक्षण संस्थान, शिक्षा विभाग, दिल्ली विश्वविद्यालय में मिला।

साहित्यिक अभिरुचि ने इन्हें लिखने को प्रेरित किया इनका लेखन फ़ेसबुक के वाल पर मित्रों द्वारा काफ़ी सराहा गया। इनसे संपर्क करने या इस पुस्तक पर अपनी राय व्यक्त करने के लिये लेखक के फ़ेसबुक वाल या ईमेल को माध्यम बनाया जा सकता है।

लेखक जन्म से सनातन परम्परा में आस्था रखते हैं और समकालीन राजनीति की तुष्टिकरण की नीति से किंचित आहत भी हैं। इनके लेखन में बहुसंख्यकों की पीड़ा और मतदाताओं की राजनीतिक प्रवंचना से उपजे निराशा के स्वर पाठकों को सुनाई दे सकते हैं।

Contents

Epigraph

कृण्वन्तोविश्वमार्यम् ।

ये पुस्तक समर्पित है उन सबको जिन्होंने इन आलेखों को लिखने के लायक मुझे बनाया। सबको मेरा आभार।

Foreword

आमुख

नाभि में परा, हृदय में पश्यन्ती और कण्ठ में मध्यमा के रूप में अपना स्वरूप बदलती हुई वाक् शक्ति जब भी अधरों से वैखरी के रूप में गद्य या पद्य का आकार लेकर संसार को मिली है वह सब कुछ ईश्वर की इच्छा का परिणाम मात्र है। किसी के मन में लेखक होने का गर्व पानी का एक बुलबुला मात्र है जो बस पानी के साथ और हवा से दूरी का नैमित्तिक परिणाम है। आज के माहौल में हम उस परम्परा की ओर बढ़ गये हैं जहाँ सनातन धर्म निन्दा हीं सम्भ्रान्त, प्रगतिशील, शिक्षित और बुद्धिजीवी होने का प्रमाण बन गया है जबकि अन्य धर्मों के मतावलम्बी द्वारा अपनी धार्मिक परम्पराओं का पालन कभी भी सम्भ्रान्त, प्रगतिशील, शिक्षित और बुद्धिजीवी दिखने के मार्ग में बाधक न हीं रहा । संस्कृत को कर्मकाण्ड की भाषा मानते हुए एक मृत भाषा घोषित करने वाले फ़ारसी और लैटिन पर मोनालिसा की मुस्कान ओढ़ लेते हैं तो बड़ी कोफ़्त होती है। बड़ी विडम्बना है कि कुरबानियों पर श्रद्धावनत आँखें बलि की परम्परा पर पशुप्रेम में सजल हो उठती हैं तथा मूर्ति पूजा को दकियानूसी साबित करने में लगे भद्र जन सिनेगाग, गुरुद्वारों, चर्चों और मस्ज़िदों के प्रसार पर अपनी बौद्धिकता की बारिश करने लगते हैं। ऐसे कई मुद्दे हैं जो हिन्दू मन को झिंझोड़ते हैं, टीस पहुँचाते हैं और एक बेवसी के आलम में ले जाते हैं। इस माहौल में राष्ट्रप्रेम में डूबा जनमानस कब भक्त बन जाता है ब्रह्मा भी न हीं जान पाते और भक्त शब्द का तात्पर्य हीं बदल जाता है।

इसी व्यथित माहौल में फ़ेसबुक ने डायरी के पन्नों की जगह ले ली है और अंगुलियों के पोरों ने कलम की भूमिका अख़्तियार कर ली है। खिन्न सनातनी हृदय की व्यथा डिजिटल रूप में स्मार्ट फ़ोन के स्क्रीन पर उकेरी जा रही है। मेरा मानना है कि

अंग्रेज़ी भाषा के लेखों को तो आभिजात्य वर्ग की पत्र पत्रिकायें पलक पाँवड़े बिछा कर स्वागत करती हैं पर समकालीन हिन्दी लेखन को तो अश्लील साहित्य छापने वाले छापाखाने भी न हीं छापते अगर जुगाड़ तन्त्र का सहारा न हो तो। प्रगतिशील भारतीयों के अन्तरतम में अतीत के प्रति उदासीनता सह किञ्चित घृणा के भाव ने अबूझ अंग्रेजी को पटरानी और सहज हिन्दी को नौकरानी का दरज़ा प्रदान कर दिया है। अगर फ़ेसबुक और ब्लॉग का सहारा ना होता तो हिन्दी में उमड़ते घुमड़ते विचार अकाल मृत्यु को हीं प्राप्त होते।

इन आलेखों का अंकुरण काल २०१८ – २०१९ का कालखंड रहा है इस लिये कुछ एक घटनायें फ़्लैश बैक की तरह दिखेंगी। इसलिये यदि घटनायें पुरानी लगे तो आलेख को एक शब्द विन्यास के रूप में स्नेह और आशीर्वाद दिया जाये। लेखक के मन में सनातन के प्रति अगाध श्रद्धा है इस लिये हर जगह उसकी दीप्ति उद्भासित होती हुई नज़र आयेगी और वर्तमान सत्ता केन्द्र का स्वाभाविक सनातन स्नेह भी लेखक को कई स्थानों पर सत्ताप्रेमी साबित कर सकता है।

ये लेख पहले फ़ेसबुक के पन्नों पर हीं अवतरित हुए और कुछ लेखों को मेकिंग इंडिया आन लाइन और क्रियेटली का आशीर्वाद भी मिला। इन लेखों की भाषागत अशुद्धि या आपत्तिजनक भावों का आरोप भले हीं लेखक पर लगाया जाये पर लेखों का औचित्य यदि आप पाठकों का सुधी मस्तिष्क स्वीकार कर ले तो श्रेय इन् हीं असन्तुलित और पक्षपाती माहौल को मिलना चाहिये या फिर उस ईश्वर को जिसने ये सब लिखवाया।

इसी लिये इस भाव पुंज को कोई नाम देना उचित न हीं लगा। तो आपकी सेवा में अर्पित है लेखक का प्रकाशित पहला अक्षर समूह...

बस यूँ हीं।

भवदीय

अंजन कुमार ठाकुर

ग्राम धर्मपुर (उजान)

पत्रालय लोहनारोड

जनपद दरभंगा (बिहार)

Regards

Truly yours

Anjan Kr Thakur

L K Singhania Edu. Centre Gotan Nagaur

Preface

भूमिका

एक लेखक का मित्र होना एक पाठक के लिये जितना अविस्मरणीय होता है उतना ही जटिल है किसी मित्र का लेखक हो जाना। जब आपका मित्र एक लेखक के रूप में अवतरित होता है तो एक पाठक के रूप में आप ज्यादा बाध्य हो जाते हैं। उसकी रचनाओं को पढ़ना आपका दायित्व हो जाता है और एक अनोखा सुख भी आपके जिम्मे आता है और वह है एक निश्श्रेष्ठ बीज के अंकुरण से लेकर वृक्ष के रूप उस बीज की शाखाओं के गगनचुम्बी प्रयासों का साक्षी बनना। यह आप का पाठकीय सौभाग्य या दुर्भाग्य होता है कि वह बीज आम का है, चन्दन का, शमी का या बबूल का । पर अनायास हीं नियति आपको बीज के अंकुरण से कलिका के मुकुलन तक का साक्षी बना देती है। लेखक का मुझसे आजीविकाजन्य परिचय रहा और इसका कारण रहा एक हीं प्रतिष्ठान में कार्यरत होना । फ़ेसबुक और एक आध वेब पोर्टल पर इनके आलेख अपनी तीखी लेखन शैली और स्पष्ट लक्ष्य के कारण पठनीय रहे और लगभग समान विचार शैली वाले पाठकों द्वारा पढें भी गये। आलोचना और सराहना के बीच झुलते ये आलेख कभी नज़रअंदाज़ न हीं हुए ये लेखक की लेखकीय उपलब्धि मानी जानी चाहिये।

जिस दौर में सनातन, हिन्दुत्व और भारतीयता का आर्य स्वरूप सदैव (अ) बुद्धिजीवियों की आँखों की किरकिरी बना हुआ है उस दौर में ऐसे लेखों का लेखन एक गुनाह बेलज्ज़त माना जा सकता है और इस बेलज्ज़त गुनाह ए अज़ीम के लिये लेखक का दुस्साहसिक प्रयास एक बार पढ़ा जा सकता है ये मेरी दिली ख्वाहिश हैं और गुज़ारिश भी। पाश्चात्य शिक्षण व्यवस्था ने चाहे भारतीयों को कुछ सिखाया हो या न हीं पर अपने अतीत पर खुद को कोसने लायक ज्ञान तो दे हीं दिया है। और

ये एक दुःखद सत्य है कि सनातन संस्कृति और भारतीय अतीत को कोसना हीं शिक्षित और आधुनिक होने का आधार कार्ड बन चुका है।

सनातन संस्कृति पर केन्द्रित इस अक्षरांजलि के आलेख आपको सोचने के कुछ नये आयाम प्रस्तुत करेंगे और एक व्यथित सनातनी के दृष्टिकोण को भी आपके सामने रखेंगे।

मैं इस लेखकीय अवतार का अभिनन्दन करता हूँ और भविष्य में नियति से यही आश्वासन चाहता हूँ कि लेखक के कलम की स्याही ना सूखे, चिन्तन की भूमि सदैव उर्वरा रहे और यदि लेखक की रचनाओं से सनातन संस्कृति और भारतीयता का समर्थन भी वास्तविक बुद्धिजीवीत्व कहलाया जाने लगे तो सोने पे सुहागा।

हाँ एक बात और,लेखक मूलरूप से एक गणितज्ञ है,साथ मे संस्कृत और मैथिली के भी विद्धान है, हिन्दी के कितने है,इसका निर्णय तो आपको करना है।

एक साहित्य प्रेमी
भगवती प्रसाद तिवारी
ग्राम - घुसरी
पत्रालय - परड़ी बाज़ार
जनपद - देवरिया
प्रान्त - उत्तर प्रदेश

१. भारत के स्वर्णिम अतीत और धूसर वर्तमान का सच भाग – १

चाहे राफ़ेल आयात मुद्दे पर भारत का मौन हो या बोफ़ोर्स के धमाके में सत्ता का नाश,

हल्दी के पेटेण्टीकरण के लिये लड़ा जाने कानूनी पचड़ा हो कि बासमती चावल की सौतेली बहनों के मार्केट में आने से असली बासमती चावल की खुशबू का दर्दनाक अन्ततः

हर हाल में हम मजबूर,

लाचार,

पिछड़े और परमुखापेक्षी दिखते हैं तो अनायास अपने अतीत पर कोफ़्त होने लगती है।

बस एक शेर याद आता है कि

एक वो हम थे कि रोते को हँसा देते थे

आज ये हम हैं कि थमता नहीं आँसू अपना।।

वह भारत जो ब्रह्मास्त्र, अग्निबाण, वरुणास्त्र, नारायणास्त्र, आचार्य द्रोण की खोज ईषीकास्त्र, राजर्षि विश्वामित्र की बला - अतिबला शक्तियाँ, राजा दशरथ के (और आधुनिक युग में पृथ्वीराज चौहान के) शब्दवेधी बाण चलाने की क्षमता से सुसज्जित था, ज्ञान के आगे धन की वो दयनीय स्थिति थी कि आज भी सदैव दरिद्र होते हुए भी ब्राह्मण कर्म दक्षिणा अपने पैरों पर ही रखवाता है और अपने पारिवारिक बँटवारे में संपत्ति के हिस्सों में थोड़ी भूल चूक स्वीकार भी ले पर पुश्तैनी पुस्तकों का विभाजन आधा आधा हीं करता है, चिकित्सा की सफलता का

आलम यह था कि संजीवनी बूटी से मृत लक्ष्मण के प्राण वापस आ गये, असुर गुरु कवि शुक्राचार्य ने दैत्यों के लिये अमृत से भरा एक कुण्ड बना दिया था जिसमें मृत देह डालने से मृतक की जान वापस लौट आती थी, चरक, जीवक सुश्रुत जैसे वैद्यों ने अंग प्रत्यारोपण, प्लास्टिक सर्जरी और शल्य चिकित्सा में उस समय सफलता के कीर्तिमान स्थापित कर लिये थे जब पाश्चात्य जगत के होमो - इरेक्ट्स होमो - सेपियन्स बने थे या नहीं ये भी निश्चित नहीं है। धन की महिमा थी पर उसकी महत्ता इतनी कम थी कि कौत्स ने महाराज रघु से एक सहस्र स्वर्ण मुद्रा से अधिक लेने से इनकार कर दिया था और बची हुई राशि रघु यह सोचकर अपने राज कोष में डालने तैय्यार नहीं थे कि यह धन तो कुबेर से हमने ब्राह्मण को देने के लिये अर्जित किया था। वह धन शायद कुबेर हो हीं वापस लेना पड़ा था। एक छोटा सा उपग्रह छोड़ कर हम फूले नहीं समाते जबकि त्रिशंकु महाराज सत्यव्रत के लिये ऋषि विश्वामित्र ने एक नयी दुनियाँ और एक नये स्वर्ग की सृष्टि आरंभ कर दी थी। ब्रह्मा के हस्तक्षेप से यह कार्य रुका था। आज भी नारियल चढ़ाने को बलि की सत्ता प्राप्त है और उसकी तीन आँखें विश्वामित्र की नयी मानवी सृष्टि के अजेय अभियान के प्रमाण रूप में आज भी हमारे सामने है।

ऐसे आर्यावर्त को जब अमरीका, ब्रिटेन, फ्रांस, जर्मनी के आगे जीवन रक्षक दवाओं के पेटेण्ट खरीदने को, अपनी सीमारक्षा हेतु युद्धक विमान और अन्यान्य आयुध क्रय हेतु नतमस्तक देखना पड़ता है और भारतीय छात्रों को भारतीय प्राचीन ज्ञान पर शोध करने के लिये विदेशी विश्वविद्यालयों में जाते देखता हूँ तो सचमुच व्यथा से हृदय आकंठ भर आता है कि आह ! अगर हमारे पूर्वज अगर थोड़े और प्रैक्टिकल होते तो आज हम अस्त्रों के बेमिसाल निर्यातक होते, संजीवनी बूटी का जूस घृतकुमारी और गेहूँ के ज्वारे के जूस की तरह बेच कर हेल्थ टाइकून बन चुके होते।

क्यों आज भी हमारी खोज शून्य से शुरू होकर शून्य हीं है ?

बहुत खिन्न हो उठता है हम भारतीयों का मन कि इतने देदीप्यमान अतीत वाले आर्यावर्त का ऐसा धूसर वर्तमान ; लानत है।

पर ऐसा नहीं है। हमारा आर्य मन आज भी इसमें थोड़ी सकारात्मकता हीं ढूँढना चाहता है। दरअसल हमारे पूर्वज वैज्ञानिक नहीं, दार्शनिक थे ; धनवान न होते हुए भी मानसिक ऐश्वर्य से परिपूर्ण थे, प्रकृति के औषधीय गुण का उपयोग करना जानते थे न कि उनका दोहन। याद करें कि सुषेण ने लक्ष्मण को संजीवनी बूटी से जिलाया पर ऐसा उसने रावण के पुत्रों या बान्धवों के लिये नहीं किया, आखिर क्यों ? उत्तर है कि कवि सुषेण को पता था कि अगर ये विद्या असुर प्रवृत्ति को ज्ञात हो गयी तो मृत्यु धन और आसुरी प्रवृत्ति के आगे हार जायेगी और सृष्टि का नियम ध्वस्त हो जायेगा। आज तुलसी जैसा दिव्य पौधा बाजारवाद के अधीन होकर गोभी बैंगन की तरह खेतों में उपजाया जा रहा हैं और पारिजात और कल्प वृक्ष से भी उच्च गरिमा प्राप्त यह महौषधि पुआल से भी बदतर हाल में मिल रही है। कस्तूरी के औषधीय गुणों के कारण कृष्ण मृग तो लुप्तप्राय हीं हो गये हैं जबकि बाघ के मांस में बाजीकरण संबंधी गुण पाकर चीन इस लुप्तप्राय जीव की फ़ार्मिंग करने के लिये विश्वनेतृत्व के आगे जुगाड़ में लगा हुआ है। हमारा भारतीय मन आज भी एड्स के पीछे एक नये टीके की संभावना तलाशने वाले अमरीका और पाश्चात्य देशों की बाजारूपने को ताड़ रहा है। रक्त शर्करा और मधुमेह के संग रक्तचाप के मनमर्जी लिमिट फ़िक्शेसन ने इनकी दवाओं का मार्केट अरबों डालर का बना दिया हैं। कैंसर की भयावहता का दोहन कर आज आसन्न मृत्यु की गति को धीमी करने का बाजार भी करोड़ों का बना दिया गया है और उसी डर का सहारा लेकर चिकित्सा बीमा का मार्केट भी आसमान को छू रहा है।

इतना तो आप मानेंगे कि अपने चिकित्सकीय धरोहर को व्यापारी हथकंडा बनने से बचाकर हमारे पूर्वजों ने मानवीय करुणा का दोहन होने को रोका ज़रूर।

याद रखें कि हमारा च्यवनप्राश अश्विनी कुमारों के द्वारा ऋषि च्यवन के कायाकल्प का सबूत बना हुआ आज भी सर्वश्रेष्ठ त्रिदोष नाशक बन कर बाजार में बिक रहा है।

यही बात अस्त्र अनुसंधानों की भी थी। कुपात्र के हाथ में जाने से रोकने के लिये ऋषियों ने सदैव प्रयास जारी रखा। ध्यान के माध्यम से अस्त्रविद्या का ज्ञान पाने

वाले एकलव्य का अंगूठा लेना द्रोण की सजगता का एक प्रमाण है कि धनुर्वेद का प्रयोग अशिक्षितों और चिड़ीमारों के द्वारा चिड़िया मारने में ना हो ; वहीं कर्ण को परशुराम के द्वारा दिया गया " समय पर ब्रह्मास्त्र भूलने का शाप " शौर्य के उतावलेपन से विश्व को दिव्यास्त्रों द्वारा नष्ट होने से बचाने की एक कोशिश भर थी।

अस्त्र विद्या, धनुर्वेद, आयुर्वेद, स्थापत्य कला, ज्योतिष, नक्षत्रशास्त्र, शल्यक्रिया, तन्त्र और मन्त्र विद्या आदि के ज्ञान को क्लिष्ट भाषा संस्कृत में व्याकरण और कूट पद्धति द्वारा गोप्य रखा गया ताकि ज्ञान का समापन भले हो जाये पर वह विद्या किसी कुपात्र द्वारा दुरुपयोग होने से पूरी तरह बची रहे । शायद यही वजह है कि कुबेर से रावण ने पुष्पक विमान छीन तो लिया पर एक दूसरा समतुल्य विमान कभी बना नहीं पाया जबकि अमरीकी रडारों को धता बता कर कुछ सरफिरों ने उन्हीं के वायुयान से टक्कर मार कर उनकी हीं गगनचुम्बी अट्टालिका जमींदोज़ कर दी। सबूत में आज भी ९११ (911) पूरे अमरीका में एसओएस नम्बर के रूप में प्रचलित है। एक सैंतालिस और एक छप्पन रायफ़लें दुनियाँ में गरीब और ज़रूरतमन्द संप्रभु सरकारें खरीद नहीं पा रही हैं और आतंकी इसे खरीदकर इसका भरपूर इस्तेमाल कर रहे हैं। पूरी कोशिश करके भी विश्व की सर्वश्रेष्ठ गुमचर संस्थाएँ ये बताने में असफल हैं कि इस्लामिक परमाणु बम आज कल आतंकी कब्ज़े में है या नहीं।

पर हमारी आर्य संस्कृति साक्षी है कि आज तक ब्रह्मास्त्र की चोरी संभव नहीं हुई न हीं ब्रह्मास्त्र के प्रयोग से किसी योद्धा की मृत्यु की चर्चा भी हुई हो जबकि एक गलतफ़हमी की वज़ह से अमेरिकी उतावलेपन का परिणाम हिरोशिमा और नागासाकी को भुगतना पड़ा।

तो इतना मान लीजिये कि हमारे पूर्वज दूरदर्शी थे इसीलिये ज्ञान को चमत्कार का जामा पहनाकर पार्थिव ऐश्वर्य प्राप्त करने का ज़रिया कभी नहीं बनने दिया और कुछ विद्या लुप्त ज़रूर हो गईं पर उनका दुरुपयोग कभी संभव नहीं होने दिया। आज विज्ञान के हर शाखा में नोबेल पुरस्कार हथियाने वाला अमरीका, ब्रिटेन, रूस और

फ्रांस जैसे देश उसी विज्ञान के खोजों के दुरुपयोग से खुद को बचाने में सक्षम नहीं हैं और जिस अतिथि को हम अतिथि देवो भव कहकर पलक पाँवड़े बिछाते हैं उन अतिथियों को ये ताकतवर देश नंगा कर तलाशी लेने पर मज़बूर हैं, अगर यकीन न हो तो अपने हिन्दुस्तान में असहिष्णुता को महसूस करने वाले बंबइया बादशाहों से पूछकर देखिये।

२. शिव अकेला ईश्वर जिसमें मनुष्य के सारे गुण हैं

शिव एक ऐसे देवता हैं एक ऐसे ईश्वर हैं जो आर्य,

अनार्य,

देव,

दानव,

यक्ष,

गंधर्व,

पापी,

पुण्यात्मा,

आस्तिक,

नास्तिक,

जीवित या मृत,

भूत या पिशाच सब के आदरणीय हैं। एक आम आदमी जैसा हीं तुनकमिज़ाज़ देवता जो एक दो पल की स्वतःव्यक्त श्रद्धा से क्षण में प्रसन्न होकर राक्षसों को भी इन्द्र पद देने में समर्थ है परन्तु अगले हीं पल क्रुद्ध होकर कामदेव के अनश्वर शरीर को भी भस्म करने में भी देर नहीं करता है। उसे रावण रचित शिव ताण्डव स्तोत्र सुनने में आनन्द आता है वहीं दूसरी तरफ राम की निष्काम श्रद्धा के वशीभूत होकर आर्यावर्त के आखिरी छोर पर रामेश्वर नाम से प्रतिष्ठित हो जाता है और वह भी उसी प्रिय भक्त रावण के शत्रु के लिये।

भक्तों की तपस्या का फल देते समय काल और अपने सामर्थ्य की सीमा के परे जाकर भी वरदान देने में इतना बेतकल्लुफ़ कि भस्मासुर को वरदान देकर खुद ही उसके जाल में फँसने वाला सर्व शक्तिमान आपने कहीं देखा है ?

अपनी पत्नी सती के लिये ससुर दक्ष प्रजापति का अपमान सहकर भी मौन रहने वाला पर वहीं सती के देहत्याग के बाद उसी दक्ष का गला काटने वाला एक आम मनुष्य सरीखा देवता किसे प्यारा नहीं होगा ?

सारे अपौरुषेय ग्रन्थों जैसे वेद, उपनिषद, पुराण, कुरान, बाइबिल, गुरुवाणी या अवेस्ता को पढ़कर देख लें अपनी पत्नी की मृत्यु पर उसकी मृत देह को अपने काँधे पर उठा कर युगों तक पागलों की तरह भटकने वाला प्रेमी विश्व की किसी संस्कृति के पास नहीं है। कभी अपने ईश्वर प्रभु श्री राम के लिये हनुमान को बन्दर बनाकर खुद मदारी बनने वाला औघड़ कभी कुछ हीं साल बाद समुद्र किनारे उन्हीं के कर कमलों से अपनी पूजा भी करवा लेता है।

रावण से उसके दस सिरों की आहुति लेकर कुबेर का अखण्ड साम्राज्य सहित त्रिलोक की सारी सम्पदा का अधिकारी बनाने वाला शिव अपने ग्यारहवें स्वरूप के लिये एक सिर की अनुपलब्धता से क्रुद्ध भी हो जाता है और अपने एकादश रुद्र के अंशावतार पवनपुत्र हनुमान के हाथों उसके संहार की भूमिका भी लिखनेवाला आशुतोष कब आशुक्रुद्ध बन जाये पता नहीं।

एक मात्र देवता जो संगीत और नृत्य का मर्मज्ञ है और खुद नटराज कहलाता है।

एक अनोखा देव जो भक्त की तपस्या से प्रसन्न होने पर किरात के रूप में दो दो हाथ करके उसकी ताकत आजमाता है और उसे सृष्टि का अनोखा अद्वितीय मानव बना देता है जिसे पाशुपतास्त्र और ब्रह्मास्त्र दोनों की विधि आती हो और वह भक्त है अर्जुन।

सारे देवता जहाँ अपने ऐश्वर्य प्रदर्शन में लीन रहते हैं वहीं शिव का दिगम्बर और व्याघ्रचर्मावृत रुप, चिता भष्म आवेष्टित शरीर, बूढ़े बैल नन्दी की सवारी और हाथों

में त्रिशूल और डमरू उन्हें यायावर स्वरूप में ढालता है। सृष्टि के विपन्नतम व्यक्ति से भी हीनतम वस्त्र पहनने वाला यह हर आम इन्सान को अपने जैसा लगता है इसी लिये आश्चर्य नहीं होना चाहिये कि पूरे भारतवर्ष में सबसे ज्यादा मन्दिर अगर हैं तो शिव और हनुमान के हीं मिलेंगे।

"ना काहू से दोस्ती ना कहू से वैर" का एटिट्यूड रखने वाला यह ईश्वर ज़हर और नशीले पदार्थ को भी भक्त की ओर से सहर्ष स्वीकार करता है और समुद्र मन्थन का सारा ज़हर खुद पी जाता है। अपने सभी आराधकों को कभी अपना प्रसाद ग्रहण करने को भी विवश नहीं करता है और हर हाल में भक्तों की अर्द्ध प्रदक्षिणा हीं स्वीकार करता है ताकि कभी भी भक्त खुद को अपने ईश्वर से विमुख ना पावे।

यदि भक्त एकात्म भाव से समर्पित हो जाये तो उसे किसी अन्य देवता के आराधना की ज़रूरत हीं नहीं रह जाती है इस लिये परम्परा कहती है कि जो शिव का प्रसाद ग्रहण करता है उसे किसी भी अन्य देवता के प्रसाद को ग्रहण करने की आवश्यकता हीं नहीं है।

शिव की भक्त वत्सलता का क्या उदाहरण दिया जाये कि दक्ष के शाप से क्षय रोग ग्रस्त चन्द्र के शरणागत होने पर उसे अपने मस्तक पर ग्रहण किया और उस शाप से लगभग मुक्त हीं कर दिया। भगीरथ की प्रार्थना पर स्वर्ग से उतरती गंगा की तीव्र धारा को अपनी जटाओं में थामने को तैयार हो जाने वाला यह भोला ईश्वर गंगा के अभिमान को भाँपकर उसे वर्षों तक अपनी जटाओं में उलझाये रखता है और पुनः भगीरथ की प्रार्थना पर हीं गंगा को जटाओं से नियन्त्रित रूप से मुक्त भी करता है।

भारतीय कृषक के रूप को धारण करने वाला यह महादेव सदैव एक आम आदमी दिखता है और उसी की तरह सोचता भी है। कवि विद्यापति की नचारी सुनने के लिये उनका नौकर उगना बनने वाला यह ईश्वर सचमुच अनोखा है। ब्रह्मा और विष्णु जहाँ अपने ४ मुँह और ४ हाथों से कुछ विशिष्ट दिखते हैं वहीं शिव का स्वरूप आम तौर पर हाशिये पर खड़े जन सामान्य से मेल खाता है और शायद समता

मूलक समाज कि कल्पना को साकार करने वाले साम्यवाद को साक्षात अपनी जीवन शैली में उतारने वाला यह एक अकेला सर्वशक्तिमान है ।

शिव का स्वरूप इतना व्यापक है कि बुद्ध और महावीर के पंच महाव्रत का पालन करने वाला और खासकर अपरिग्रह को अपने चरित्र मे उतारने वाले इस शिव से लगभग सारे पीर पैगम्बरों के चरित्र मिलते हैं । गौतम बुद्ध, वर्धमान महावीर या जैन धर्म के बाकी सारे तीर्थंकर, ईसा, मूसा, नानक, श्रीचन्द उदासीन, मत्स्येन्द्रनाथ, गोरखनाथ, नानक, आदि शंकराचार्य, कबीर, रैदास, तुलसी या सूर सबके सब शिव हीं दिखेंगे। आगे क्या कहूँ गाँधी और विनोवा तक में वह छवि दिखेगी। बाबा आमटे, नानाजी देशमुख, सुन्दरलाल बहुगुणा और आज के अनादरित अन्ना की उस आदर्शवादी छवि में (जब वे लोकपाल के लिये अनशन पर थे) आपको शिव स्वरूप के दर्शन होंगे पर जैसे हीं स्वार्थ के कण उनसे चिपटे वे कब शिव से शव बन गये पता भी नहीं चला।

हर महाशिवरात्रि, आयें और स्वयं में शिव को ढूँढें ।
सत्यं शिवं सुन्दरम॥।॥

३. भारत का स्वर्णिम अतीत और धूसर वर्तमान का सच भाग २

एक शेयर्ड फ़ेसबुक पोस्ट आया कि विश्व में कहीं शायद अमेरिका ने दूसरी या तीसरी बार एच

-

आइ

-

वी एड्स के मरीज को इन विषाणुओं से मुक्त करने में सफलता पाई है । यह खबर अतिशय सुखदायी थी पर अगली लाइन बवाल थी जिसमें क्षमाप्रार्थना के साथ मुझे उद्धृत करके पूछा गया था कि वेदों में या प्राचीन भारतीय ज्ञान मंजूषा में इस से सन्दर्भित कोई जिक्र है जिसका पेटेण्ट कराया जा सके वरना ४००

-

५०० साल के बाद कहीं हमें ये पछतावा न रहे कि हमारे अतीत में ये सब ज्ञान था पर बस हम थोड़ा चूक गये। बात चुटीली थी और हम चुटैल हुए भी। पर इस कटाक्ष से हम व्यथित हुए पर आहत नहीं कारण क्योंकि व्यंग्य सटीक था और हम इस मामले में बिलकुल निःशस्त्र। व्यथा निःशस्त्र होने की ज्यादा थी व्यंग्य

-

बाण की टीस उतनी नहीं थी।

मन व्यथित हुआ कि हमने इस आयुर्वेद का ककहरा भी क्यों न पढ़ा ? और इसके लिये दूर जाने की जरूरत भी न थी अपनी दादी नानी के कदमों में हीं ये प्राथमिक ज्ञान मिल जाता पर आधुनिकता की धुँध ने पहले संयुक्त परिवार प्रथा को एकल

परिवार व्यवस्था में बदल दिया और हमारी विरासत हमारे लिये दुरूह जेनेरल नालेज बन गई।

गज़ब बात है कि हर्वल प्रॉडक्ट या आयुर्वेदा या योगा को बड़ी जल्दी से हम स्वीकार कर रहे हैं वगैर खुद को दकियानूसी घोषित किये पर जहाँ सनातन संस्कृति के सम्यक पालन की बात उठी, भारत में फैली कुरीतियाँ मुँह चिढ़ाने लगती हैं। कुरीतियाँ भी कैसी .... घूँघट प्रथा या परदा प्रथा (बुरका तो वैज्ञानिकता से पूर्ण है), पशुओं के मुँह वाले ईश्वर की पूजा (वैसे चश्मा वाले सेण्टा बाबा, और अक्षत यौवना मरियम का पुत्रवती होने की पूर्ण वैज्ञानिकता के प्रमाण इन फ़र्स्ट जेनेरेशन स्यूडो इंडियन के पास हैं), मनु के प्रमाण पर हमारे बुद्धिजीवी मित्र उपहास करते हैं और मनुस्मृति की वज़ह से सारे ब्राहमण और हिन्दुत्व वादी मनुवादी कहलाने को अभिशप्त हैं पर १५०० साल पहले जिस धर्म का भ्रूण भी माता के गर्भ में असंभव था उसका शरिया कानून और उसमें वर्णित महिलाओं के प्रगति का परचम ३ - तलाक और उसी तलाक की समाप्ति के लिये हलाला जैसी दिव्य प्रथा पर इन बुद्धिजीवियों की आस्था काबिल ए तारीफ़ है।

तो इस नई शिक्षण व्यवस्था से हमारे नव शिक्षित भारतीयों को यूँ तो किरानी बनने से ज्यादा तालीम नहीं दी पर अपनी विरासत से नफ़रत करने में स्वर्ण पदक पाने योग्य जरूर बना दिया ।

जहाँ एक उच्च शिक्षा प्राप्त इस्लाम, ईसाई, यहूदी, सिख या सनातन के वृक्ष की छोटी डालियाँ बौद्ध, जैन, आर्य समाज के अनुयायी अपने सम्प्रदायों की मान्यताओं के प्रति कुछ अधिक आस्थावान और नष्ठिक हो जाता है वहीं हमारा सनातनी भाई मंदिर में जाकर " खुश तो बहुत होगे तुम कि जिसने आजतक तेरे मन्दिरों की सीढ़ियाँ नहीं चढ़ी .... वगैरा वगैरा " डायलाग झाड़ता है और हम WOW कहकर सिनेमा हाल में तालियाँ बजाते हैं पर आज तक किसी अन्य मतावलम्बी ने अपने धर्म की सर्वोच्च सत्ता पर थोड़ी भी व्यंग्यात्मक टिप्पणी की हो, ये हम नहीं ढूँढ

पायेंगे । हर आशावादी वक्तव्य के बाद इंशा अल्लाह," ओ माय गॉश ", बुद्धं शरणं गच्छामि, जय जिनेन्द्र, णमो अरिहन्तारम्, सत् श्री अकाल, वाहे गुरु दा खालसा वाहे गुरु दी फ़तह और ऐसे कई वाक्य आपको सुनने को मिल जायेंगे और ये सारे वक्तव्य दकियानूसी होने का प्रमाण नहीं बल्कि प्रगतिशीलता का उदाहरण बनते हैं पर इस बीच अगर अगर जय श्री राम या राम राम का उच्चारण भी हो जाये तो साम्प्रदायिकता का ज़हर समाज में घुलने लगता है।

दरअसल पश्चिमी भाषा में कही गई गाली भी हमें अपनी परम्परा में दिये गये आदर सूचक शब्दों से भव्य प्रतीत होते हैं।

खैर हम आते हैं अपनी पुरातन संस्कृति की चिकित्सा व्यवस्था पर जिस पर व्यंग्य मेरे भाई किया है।

सामान्यतया भारतीय अपने अतीत पर गर्व करते हैं इसमें बुद्धिजीवी तबका शामिल नहीं है क्योंकि इनकी पढ़ाई के अनुसार अगर अंग्रेज़ नहीं आते तो भारत में आज भी सिर्फ़ साधू और साँपों का बोलबाला होता और अगर इयॉन फ़्लेमिंग की पेन्सिलीन का आविष्कार नहीं होता तो आज भारतीयों का शरीर ज़ख्मों से भरा होता ।

अगर आयुर्वेद में कोई एड्स, कैन्सर, थैलिसीमिया, तपेदिक आदि की कोई दवा मिल भी जाये तो भारत की आर्ष परम्परा उसे पेटेण्ट करने की किसी भी अमानवीय कोशिश के खिलाफ़ होगी कारण जीने का हक़ वास्तव में मानवता का का मौलिक अधिकार है और पेटेण्ट कराना गरीबों से जीने का हक़ छीनने जैसा होगा।

अमेरिका, ब्रिटेन, फ़्रांस जैसे विकसित देश तो शुद्ध प्राण वायु भंडारण का भी पेटेण्ट करा सकते हैं। चीन बाघ के दैहिक अवशेषों से यौनशक्ति वर्धक दवाओं के निर्माण के पेटेण्ट और टाइगर फ़ार्मिंग की अनवरत कोशिश कर रहा है पर अन्तर्राष्ट्रिय समुदाय उसे इसकी इज़ाज़त नहीं देकर कमसे कम Save Tiger Mission में अपना अमूल्य योगदान दे रहा है। विदेशों में स्वच्छता की चमक इस लिये दिखाई

देती है क्योंकि विकासशील देशों के उद्योगपतियों की कबाड़ीनुमा चरित्र बेस्ट आउट आफ़ वेस्ट का सहारा लेकर सारा जैविक, औद्योगिक और मेडिकल कचरा आयात कर कर के अपनी मातृभूमि को विदेशी कचरों से पाट रहे हैं और वह भी बस कम लागत पर अधिक मुनाफ़ा के चलते।

आपको याद होगा कि हल्दी के पेटेण्ट की लड़ाई हमने जीती थी पर क्या अपना पेटेण्ट स्थापित करने के लिये ? आपका भी जवाब होगा नहीं बस उस मुकदमे में जीत से हल्दी पेटेण्ट के दुश्चक्र से निकल गया और एक आम आदमी को एक सस्ते एन्टीबायोटिक औषधि के लिये किसी अमेरिकी कंपनी को पैसा नहीं चुकाना होगा चाहे वह आदमी नेपाल का हो या नैरोबी का, कराँची का या काहिरा का।

आयुर्वेद की किताबों में किया गया शोध, मानवता को लगभग मुफ़्त में स्वाथ्य दिलवायेगा। आपको याद होगा कि तपेदिक को राजयक्ष्मा कहते थे कारण सिर्फ़ इसी मर्ज के इलाज में किसी शख्श को खूब सारा पैसा खर्च करना पड़ता था यही हाल शायद दमा का भी था, धन के अभाव में हीं लोग इस मर्ज से मरते थे। शरतचन्द्र की कथाओं का कई नायक इसी मर्ज का शिकार हुआ है। इस मर्ज को छोड़ कर बाकी किसी भी मौसमी बीमारी के लिये आयुर्वेद का ज्ञान हर घर में अनपढ़ गँवार बड़े बूढ़ों को था और बीमारी लगभग वगैर एक धेला खर्च किये ठीक हो जाया करती थी। सांप और बिच्छू के काटने पर मन्त्रों से ज़हर उतारने के साक्षी अब भी कई मिल जायेंगे पर आपको जानकर आश्चर्य नहीं होना चाहिये कि इस विद्या के माहिर को इसके लिये एक पैसा लेने पर भी इस विद्या से हाथ धोना पड़ता था। पर हमारा पढ़ा लिखा बुद्धिजीवी समुदाय तो पेटेण्ट चाहता है कि कोई साँप का काटा अगर आये तो हम अपने पेटेण्ट के बदले उससे धन प्राप्त करें और वन टाइम यूजेवल सीडी में उस मन्त्र की रिकार्डिंग देकर अपने अमूल्य, प्राचीन और लोककल्याणकारी धरोहरों की सौदेबाज़ी से अकूत दौलत कमायें। इसी लोभ ने शायद हमारा वह ज्ञान हमसे छीन लिया।

मेरे मित्रों को एड्स की दवा की तलाश आयुर्वेद में चाहिये पर खुद और अपनी सन्तति को संस्कृत की छाया से भी दूर रखेंगे। मतलब रामस्वरूप बीमार पड़े, परिणाम - स्वरूप दवा लाये। भई कुरान पढ़ना हो तो खुद अरबी पढ़ना तो सीखना हीं पड़ेगा। आयुर्वेद पढ़ना है तो संस्कृत तो सीखना हीं पड़ेगा । हम फ्रेंच सीखेंगे पर संस्कृत तो मनुवादियों की विरासत है, श्राद्ध, शादी और कर्मकाण्डों के श्लोकों से भरा पड़ा है, इसे कौन सीखे। गज़ब बात है कि नहीं ? आप अंग्रेज़ी मिडियम से पढ़कर और पाश्चात्य जीवन शैली अपना कर एड्स की बीमारी पाइये और कोई निकम्मा संस्कृत में आयुर्वेद पढ़कर आपके लिये उस एड्स से मुक्त होने की आयुर्वेदिक दवा तलाश करे।

अपने भारत में जहाँ माता पिता और गुरु भी कमर के बाद सीधा जांघों के नाम हीं शरीर के अंगों के नाम सिखाते हों, यौनांगों से संबंधित बीमारी गुप्त रोग कहलाती हो, इन रोगों का इलाज बस स्टैण्ड / रेलवे स्टेशन के किनारे अंधेरे से कमरे में कोई अंगूठाछाप डाक्टर शाही दवाखाना में बैठ कर करता हो, यौन शिक्षा का सारा जिम्मा गूगल और पोर्न साइटों के कंधों पर पड़ा हो, एक नव विवाहित युवा अपनी पत्नी के अंतर्वस्त्रों और सैनिटरी नैपकिन व निरोध की खरीदी भी लगभग फुसफुसाते हुए लहज़े में किसी अनजान दूकानदार से हीं कर पाता हो वहाँ पर हमारे बुद्धिजीवी मित्र गण एड्स की दवा तलाश करने का जिम्मा आयुर्वेद के सिर पर डालना चाहते हैं और असफ़लता की स्थिति में उस ज्ञान को भी ज्योतिष की तरह पोंगा पन्थी साबित करने की ज़बरदस्त कोशिश करने को उत्साहित बैठे हैं जबकि मेरा दावा है कि आलोचकों में से किसी ने भी ना तो ज्योतिष का अध्ययन किया है ना आयुर्वेद का (क्योंकि संस्कृत तो पोंगा पन्थियों और मनुवादियों की भाषा है)।

तो ऐसे बुद्धिजीवियों के लिये मेरा सिर नतमस्तक है।

आयुर्वेद सदैव सफल है पर आपने देखा होगा कि जिस सुषेण ने लक्ष्मण को मृत्यु से बँचाया उसी गुणी ने रावण, मेघनाद या कुम्भकर्ण को जीवन दान क्यों नहीं दिया

जबकि वह तो लंका का निवासी था और लंकेश के लिये यह उसका पुनीत और अनिवार्य कर्तव्य था। याद कीजिये कि रावण ने भी शत्रु की प्राण रक्षा के लिये वैद्य को प्राण दण्ड नहीं दिया। आयुर्वेद की ऋचाओं में कायाकल्प तक की गुंजाइश है फिर एड्स जैसी यौन संक्रमणजन्य रोग के लिये कोई उपचार न हो यह नामुमकिन है पर किसी को दधीचि की तरह हड्डियाँ तो दान देनी पड़ेंगी अगर अनुसंधान से अमोघ अस्त्र शस्त्र की खोज करनी है तो। हमारा प्रोफ़ेशनल चरित्र हमें समझाता है कि हमें क्या करना है हड्डियाँ गला कर, कोई ना कोई तो तलाश करेगा और हम कीमत देकर खरीद लेंगे।

पर मित्र, " दाने दाने पर लिखा है खाने वाले का नाम " ये कहावत पुरानी है । कोई उपजायेगा तभी तो आपके हक़ का दाना अस्तित्व में आयेगा । आप सब जानते हैं आयुर्वेद के समुद्र को अपने ज्ञान की मथानी से मथना होगा तभी हम को हर मर्ज़ का इलाज मिलेगा पर अंग्रेज़ी की धौंस पट्टी देकर भारतीयता का अपमान जबतक हमारा तथाकथित आभिजात्य समाज करता रहेगा, आयुर्वेद के खजाने की एक कौड़ी भी आम आदमी के हाथ नहीं आने वाली। आज कल हम आप जिसे आयुर्वेद मान रहे हैं या स्पष्ट कहें तो आयुर्वेदा, वह दादी नानी के नुस्ख़ों से ज्यादा कुछ नहीं। बल्कि जान लीजिये कि आपके आस पास की प्रकृति हीं आपकी हर बीमारियों की दवा समेटे बैठी है बस आपको इसकी जानकारी होनी चाहिये। आस पास देखिये आज भी किसी भी मादा जानवर की सिजेरियन डिलेवरी नहीं होती। कुत्ते, घोड़े आदि भी वही बीमार पड़ते हैं जो इन्सानों की सोहबत में रहते हैं बरना ज़हर की वज़ह से हुई मौत के बाद लाशों को कौवे, गीध, कुत्ते और सियार भी मुँह नहीं लगाते और वह भी वगैर किसी पैथोलोजिकल लैब की रिपोर्ट देखे।

अगर आज के समय में यक्ष का युधिष्ठिर से सामना होता और वह पूछता कि आश्चर्य क्या है तो युधिष्ठिर का उत्तर होता कि हे आर्य, जब एक अरबी जानने - पढ़ने वाला कुरआन में अपनी बीमारियों का इलाज नहीं ढूँढता, कोई भी ईसाई बाइबिल के वर्सेज में अमरत्व का विधान नहीं तलाशता और यही हाल लगभग सभी नवोदित

धर्मों के माननेवालों का है उस दौर में वेदों को पढ़े बिना बुद्धिजीवी सनातनी अपने सनातन धर्म के मूल वेदों में अपनी बीमारियों की इलाज की उम्मीद कर रहा है और ऐसा नहीं होने पर उसका मज़ाक उड़ाने से भी नहीं चूक रहा है वास्तव में यही आश्चर्य है ।।

धर्मों के माननेवालों का है उस दौर में वेदों को पढ़े बिना बुद्धिजीवी सनातनी अपने सनातन धर्म के मूल वेदों में अपनी बीमारियों की इलाज की उम्मीद कर रहा है और ऐसा नहीं होने पर उसका मज़ाक उड़ाने से भी नहीं चूक रहा है वास्तव में यही आश्चर्य है ।।

४. सनातन, साम्यवाद और सेक्युलरिज़म

एक बेहतरीन व्हाट्सएप पोस्ट था कि क्या आप जानते हैं कि एक मुसलमान के घर एक मुसलमान पैदा होता है और एक ईसाई के घर ईसाई पर एक हिन्दू के घर में सेक्युलर भी पैदा होते हैं।

इसी मुद्दे पर आज ये आलेख आपकी सेवा में है।

क्या आपने कभी गौर फ़रमाया है कि अल्लाह में यकीन रखने वाला हर एक मुसलमान ज़्यादा से ज़्यादा तालीम हासिल करके भी खुद को तरक्की पसन्द तो मानता है पर उस अल्लाह की अकीदत में थोड़ा और मशगूल हो जाता है और अपनी या अपनी कौम की हर कामयाबी पर इंशाअल्लाह कहना नहीं भूलता ? अपने मज़हब और मज़हबी फ़रमानों को उस परवरदिगार का फ़रमान मान कर ताउम्र अपने दीनी जिम्मेदारियों में अपनी ज़िन्दगी बिताना एक फ़ख़्र की बात मानता है।

लगभग यही हाल ईसाइयों का है, कैथोलिक या प्रोटेस्टेण्ट में बँटे हैं पर उस ईश्वर के बेटे पर एक भी सवाल बर्दाश्त नहीं । अक्षतयौवना मरियम के पुत्र प्राप्ति की वैज्ञानिकता पर आज तक किसी सेक्यूलर ने कारण बताओ नोटिस जारी नहीं किया ! एक भी रविवार चर्च नहीं गये तो आपका यीशु रूठा, सेण्टा क्लाज़ के चश्मे के नम्बर पर कोई सवाल किया तो आप ईश निन्दक और हो सकता है कि यमकोटि (न्यूज़ीलैण्ड) का कोई हार्डकोर ईसाई आपको गोलियों से भून दे।

मार्क्स की बात कि " धर्म अफ़ीम है " के अधूरे कथन को लेकर चाय की प्याली में तूफ़ान उठाने वाले प्रगतिवादी हिन्दू स्वामी विवेकानंद की इस बात को दरकिनार कर देते है कि जहाँ विज्ञान की हद समाप्त होती है वहीं से अध्यात्म शुरू होता है और अल्बर्ट आइन्स्टीन की भी नहीं सुनते कि धर्म और विज्ञान एक दूसरे के बिना अंधा या लंगड़ा है मतलब ये एक दूसरे के पूरक हैं।

गज़ब लग रहा है ना ?

एक बात और आप चाहे मैकाले की शिक्षा को दोष दें या अंग्रेज़ीदाँ युवाओं की आधुनिक सोच को साम्यवाद के माध्यम से सेक्युलरिज़्म की सोच को बढ़ाने का श्रेय दें पर बात वह नहीं कुछ और है । अगर आपको लगता है कि उच्च शिक्षा प्राप्ति से सनातन धर्म की रूढ़ियों का पर्दाफ़ाश हो रहा है तो आपको यह बताना आवश्यक होगा कि सनातन धर्म एक जीवन शैली है। यहाँ ब्लासफ़ेमी जैसा कोई टर्म नहीं जिससे किसी को उस परम तत्व की निन्दा के लिये मौत की सज़ा सुनाई जा सके बल्कि आपका हर तर्किक विरोध और आलोचना आपको एक नये वाद या सिद्धान्त का प्रवर्तक बना सकती है । भारत में विख्यात सांख्य, योग, न्याय, मीमांसा, वैशेषिक और वेदान्त, छः के छः आस्तिक दर्शन लगभग एक दूसरे के विरोध और समालोचना से हीं पनपे हैं। वैदिक संस्कृति के विरोधी सिद्धार्थ को हमारा सनातन धर्म विष्णु का ९ वाँ अवतार मान चुका है | अगर इस्लाम की अवधारणाएँ कुछ नया कह कर या कर के सनातनियों को आकर्षित कर पातीं तो आज तक हज़रत मुहम्मद को सनातन धर्म में ११ वाँ अवतार मान कर इस्लाम को भी खुद में एक नये वाद के रूप में समाहित कर चुका होता ।

सनातन धर्म तो विरोध और समालोचना की प्रवृत्ति वेदों, पुराणों, उपनिषदों के मुख्य पात्रों में भी रही है। उदहरण के लिये शिव का निन्दक उनके ससुर दक्ष प्रजापति हीं थे तो कृष्ण का कटु और सार्वकालिक आलोचक उनका मौसेरा भाई शिशुपाल रहा है। कठोपनिषद में पिता के द्वारा बूढ़ी गायों के दान का विरोध खुद उस ब्राह्मण का किशोर पुत्र करता है और परिणाम स्वरूप पिता का शाप पाकर उसे यम के पास जाना पड़ता है। यम और उस बालक का वार्तालाप हीं कठोपनिषद का सार है। रावण के कुकृत्यों के आलोचकों में मन्दोदरी, विभीषण और कुम्भकर्ण प्रमुख रहे जबकि राम या हनुमान ने कभी भी रावण की निन्दा नहीं की। कर्मकाण्ड के विरोधी स्वामी दयानन्द को भी सनातनधर्मी हेय दृष्टि से आज कल नहीं देखते जबकि मदीने से मदीने वाले को भागना पड़ा था। सुकरात, जीसस, मार्टिन लूथर

किंग के विरोधी उनकी जान तक ले चुके हैं जबकि हमारा सनातन धर्म तो गौतम बुद्ध और जैन के तीर्थंकरों को विष्णु या शिव का रूप मानकर सिर झुका चुका है और नास्तिक दर्शन के रूप में बौद्ध और जैन दर्शन, चार्वाक के वक्तव्यों के साथ आज भी सनातनियों के लिये पठनीय और विचारणीय हैं। उस परम तत्व की गवेषणा में प्रयुक्त सिद्धान्त अद्वैत, द्वैत, द्वैताद्वैत, विशिष्टाद्वैत, शुद्धाद्वैत आदि सिद्धान्त भी आलोचना और विरोध की नींव पर जनमे सनातन धर्म के विशाल वट वृक्ष हैं जो आज भी सनातन धर्म के लिये मणिकाञ्चन संयोग के समान है तो फिर आज ऐसा क्यों है कि हमारे सनातनधर्मी साम्यवाद से प्रभावित होकर सेक्युलर बने जा रहे हैं और हर जगह अपने धर्म का तीया पाँचा कर रहे हैं और उस पर तुर्रा ये कि उनके साथ बैठे अन्य मतावलंबी उन्हें प्रगतिशील होने का तमगा देते हुए इंशाअल्लाह पूरे हिन्दोस्तान में ऐसे हीं तरक्की पसन्द और दकियानूसी सोच से दूर हिन्दुओं की तादाद बढ़ने की दुआ करते हैं । मगर अपने गले से क्रास सर से टोपी नहीं उतारते हैं । मतलब हम हिन्दुओं को सेक्यूलर दिखने के लिये अपने धर्म के आस्था प्रतिमानों की माँ - बहन एक करना ज़रूरी है पर वहीं इस्लाम, ईसाइयत आदि के नियमों और उसकी बन्दिशों को अक्षरशः मान कर ये अन्य मतावलंबी पूर्ण धर्मनिरपेक्ष बने रह जाते हैं। तो फिर हिन्दुओं खासकर शिक्षित प्रगतिशील और प्रोफ़ेशनल तबके का यह मात्र सनातन निन्दक धर्मनिरपेक्ष रूप क्यों दिन प्रति दिन विराट होता जा रहा है ?

आखिर क्यों ?

इस पर एक सोच बड़े मारक ढंग से हमारे सामने आती है और ये बस एक डर की वज़ह से है और वह डर है रोटी का, रोटी गँवाने का, रोटी नहीं कमा पाने का, रोटी की संभावना समाप्त होने की आशंका का।

खैर आपका एक जायज सवाल होगा कि कैसा डर ? कहाँ है डर ? किससे डर ? किसका डर ?

तो चलिये मीमांसा प्रारंभ करते हैं। एक भी सरकारी नौकरी वाला या भरण पोषण की पूर्ण सामर्थ्य प्राप्त व्यक्ति साम्यवादी नहीं है, न हीं धर्मनिरपेक्ष या सेक्युलर। उसे न इफ़्तार से गुरेज़ है न सेण्टाक्लाज़ की टाफ़ियों से। वह दशहरे में भी खुश है और ईद पर भी। अगर परेशान होगा भी तो धंधे की मंदी से, मँहगाई भत्ते में कटौती या त्योहारों की छुट्टी कट जाने से।

तो फिर सेक्युलर है कौन ? ये वे अल्पसंख्यक हैं जो बस इस इन्तज़ार में बैठे हैं कि कब उनकी आबादी ४० % को पार करे और ये मुल्क उनका मज़हब मानने को विवश हो जाये। बरना ये सनद रहे कि ये जहाँ भी बहुमत में हैं वह देश सेक्युलर नहीं है बल्कि उस हर एक मुल्क का एक राष्ट्र धर्म है। जब तक ये अल्पसंख्यक हैं तभी तक ये सेक्युलरिज़्म के हिमायती हैं। इसके लिये साम, दान, दण्ड और भेद का प्रयोग चालू है। ये बात भी आप मान लेंगे पर अब मुद्दा उठता है कि हमारे सनातनी साम्यवादी आगोश में धर्मनिरपेक्षता के गीत क्यों गुनगुना रहे हैं जबकि घूमने के लिये कटासराज या हिंगलाज मन्दिर पसन्द करते हैं न कि मक्का या बैटिकन जाना। **तो आइये चलते हैं इस बात की तह की ओर।**

अगर आप यूपीएससी की परीक्षा देना चाहें तो उपलब्ध किताबें वामपन्थी लेखकों की लिखी हुई हैं और उत्तरपत्रक जाँचने वाला धड़ा भी उन्हीं उत्तरों के पूरे अंक तभी देगा जब आपका उत्तर उनकी अवधारणाओं से मेल खाये। खैर अगर आप चुनाव लड़ना हो तो अल्पसंख्यक मत को लुभाने के लिये आपको सेक्यूलर दिखना पड़ेगा। अगर आप कला, संगीत, अभिनय, लेखन या मुशायरे में अपना भविष्य बनाना चाहते हैं तो मामला और पेचीदा है। इन सारे मंचों पर लगभग सेक्यूलर सोच का कब्ज़ा है। आपकी आमद तभी स्वीकार की जायेगी अगर आप की रचनाओं, अभिनय या संगीत का स्वरूप धर्मनिरपेक्ष दिखाई दे। अब इस धर्मनिरपेक्षता का अर्थ वह नहीं जो आक्सफ़ोर्ड की डिक्शनरी कहती है। अंग्रेज़ी में सेक्यूलर का मतलब यह है कि सत्ता धर्म के आधार पर कोई भेद भाव नहीं करेगी पर अपने भारत में सेक्यूलरिज़्म का मतलब अल्पसंख्यक तुष्टीकरण बनकर रह गया है।

आपके लेख अगर सनातन धर्म की गरिमा का बखान करता हुआ दिखा तो आपका लेख कम्यूनल कहलायेगा पर वही लेख अगर किसी अल्पसंख्यक धर्म के समर्थन में हो तो आप सेक्यूलर (अगर आप हिन्दू हैं) तो पर अगर मुसलमान या ईसाई होकर कोई इस्लाम / ईसाइयत की तारीफ़ों के पुल बाँधें तो यह उसका कम्यूनलिज़्म नहीं बल्कि सेक्यूलरिज़्म हीं कहलायेगा ।

कविता का मंच और मुशायरे सेक्यूलरिज़्म की सदारत में चल रहे हैं।

मेरे एक आदरणीय मित्र ने लिखा है कि अगर मैं अपना एक आलेख किसी अंग्रेज़ी पत्रिका में भेजूँ तो वगैर संपादक से जान पहचान के मेरे आलेख के छपने के खूब आसार होते हैं और मानदेय भी मिल जाता है पर यही काम अगर मैं हिन्दी या किसी आंचलिक पत्रिका में करूँ तो परिचय के बाद भी छप जाये ये संभावना कम है और छपे तो मानदेय की कल्पना तो गूलर के फूल वाली हीं रहेगी।

अगर ध्यान दें तो अंग्रेज़ी की सारी पत्र पत्रिकायें सेक्यूलर प्रवृत्ति की हैं जो भारतीय आस्तिकता का सम्मान कभी नहीं करती हैं और शायद ही सनातन धर्म की विशेषता से सबन्धित कोई आर्टिकल छपा है या होगा। पर जैसे हीं उसकी कुरीतियों, कर्मकाण्डों या दकियानूसी बातों से जुड़ा हुआ आलोचनात्मक आलेख हो तो विषयसूची में जगह मिलने की १००% गारण्टी। तो अगर कोई सनातनी लेखक के रूप में अपने कलम के जोर पर आजीविका की सोचे तो उसे सेक्युलर दिखना हीं पड़ेगा बरना राष्ट्रीयता से ओतप्रोत पत्रिकायें और अखबार तो अपना खर्चा मुश्किल से चला पा रहे हैं और उनके पाठक भी माँग मूँग कर हीं ऐसी पत्रिकाओं और समाचार पत्रों को पढ़ते हैं तो उनसे मानदेय की उम्मीद तो रेत की पेराई करके तेल निकालने जैसा हीं होगा।

दक्षिणपन्थ की महान पत्रिकाएँ पाञ्चजन्य / कल्याण में भी आलेख के लिये मानदेय नहीं हीं मिलता होगा और अगर मिलता होगा तो मेरे लिये एक आठवाँ अज़ूबा होगा। तो अगर आप लेखक हैं तो आपको सेक्यूलर दिखना होगा। अगर आप चित्रकार हैं

और दक्षिण पन्थी भी तो गीता प्रेस का कल्याण हीं आपका अन्तिम सहारा है। जो प्रेस सनातन के उत्थान में होम हो गया पर आज अपने अस्तित्व के लिये संघर्ष कर रहा हो उसमें आस्तिकता से संबंधित चित्रों की छपाई से प्राप्त मानदेय से पेट पालना आकाशकुसुम हीं साबित होगा पर जैसे हीं आप वामपन्थी और सेक्यूलर बने आपकी फटी बनियान जिसपर आपने कूँची पोंछी होगी, माडर्न आर्ट का अनमोल नमूना बन कर किसी आर्ट गैलरी में लटक जायेगी और आपको लाखों के वारे - न्यारे करवा देगी। गीता प्रेस की किताबों में भगवान आदि चित्रकार सरस्वती के चित्र बना कर ताउम्र गुमनाम हीं रहे पर अर्ध नग्न आभासी नारी की डूडलिंग बना कर मकबूल ने उसे सरस्वती नाम क्या दिया वह एक बेहतरीन आर्ट पीस बन गई और हुसैन शायद अपने समय का सबसे अमीर भारतीय चित्रकार रहा, वज़ह थी उसका सेक्यूलर होना नहीं दिखना क्योंकि मरियम, ईसा, मूसा या पैगम्बर की माँ बहनों के नाम पर कोई रेखा चित्र नहीं बने। शार्ली एब्दो ने कार्टून बनाने की कोशिश की तो आप सबको उसका अंजाम पता हीं है।

और अगर आप एक आस्तिक मूर्तिकार हैं तो आपका धंधा भी दशहरा दीवाली, वसन्त पंचमी और गणेश चतुर्थी के मौके पर हीं कुम्हार के नाम से चलेगा, मशहूर स्कल्पचर आर्टिस्ट तो आप होने से रहे। पर एक बार आप सेक्युलर हो कर देखें आपकी टूटी हुई आर्ट पीस, छेनी, हथौड़ी भी माडर्न आर्ट गैलरी में सजी हुई मिलेगी। शायद रोटी का जुगाड़ हीं है कि कोई मीनाकुमारी और दिलीप कुमार बनकर खुश है तो कोई गुलज़ार कहला कर।

मतलब सेक्यूलर दिखने से है।

एक काफ़ी चर्चित गाना है कि ---

दीवाना आदमी को बनाती हैं रोटियाँ

अगर आप दृश्य श्रव्य जगत में, पत्रकारिता में, लेखन में, कवि सम्मेलनों और मुशायरों में, चित्रकला और मूर्तिकला में, फ़िल्मों में अपना करियर बनाने की चाहत

रखते हैं और सनातन धर्मी हैं तो आपको सेक्युलर दिखना हीं पड़ेगा बरना आपको अपनी कला का सर्जक, कद्रदान, समर्थक और खरीददार खुद हीं बनना पड़ेगा। अगर आचार्य हरिमोहन झा के इस शेर में " हसीनों " को आप वामपन्थ, सेक्यूलरिज़्म और साम्यवादी विचार मान लें और अपनी कृति को दास्तान ए इश्क तो इस आलेख के बारे में आपकी दृष्टि और ज्यादा स्पष्ट हो जायेगी। शेर कुछ यूँ है कि -

रिसालों और अखबारों पे सेन्सर है हसीनों का

हम अपनी दास्तान ए इश्क़ छपवाने कहाँ जायें ?

५. येचुरी के नाम एक पत्र

श्रीमन्त येचुरी या कहें तो सीता राम येचुरी मोशाय,

राम राम, नमस्कार, प्रणाम, सत श्री अकाल,

आपका नाम तो हर सनातनी के लिये प्रातःस्मरणीय है इस लिये नहीं कि आप वाम मोर्चे के पोलित ब्यूरो के माननीय सदस्य और सीपीएम के अध्यक्ष हैं बल्कि इस लिये कि आपका नाम लेने पर प्रभु श्री राम किशोरी जी के साथ याद आते हैं और रहा येचुरी तो वह आपको अपने पिता से मिला हुआ अवदान है। उनके लिये भी अपार श्रद्धा है क्योंकि उन्होंने आपका नाम मर्यादा पुरुषोत्तम के नाम पर रखा ताकि यदि आप स्वनामोनुकूल मर्यादा का पालन न भी कर पायें तो भी एक सनातनी आपके विचारों से नफ़रत भले कर ले पर आपके नाम में श्रद्धा ज़रूर रखेगा।

तो जय सीता राम की येचुरी जी।

अब आपका ताज़ा बयान हमें उद्वेलित कर गया तो आपको यह पत्र लिखने बैठ गया। साहब आपने हिन्दू को हिंसक कह दिया तो लगा कि एक सनातनी होने के नाते आप को सनातन यानी आपके हिन्दुत्व हेतु एकांगी और अपूर्ण ज्ञान और सोच को थोड़ा परिमार्जित करना हमारा कर्तव्य है।

यह सनातन की खासियत है कि सनातन धर्म के बाहुल्य में प्रजातन्त्र और साम्यवाद के साथ इस्लाम, ईसाइयत और यहूदी धर्म एक हीं सम्प्रभु देश में विराज रहे हैं वर्ना आप दुनियाँ घूम कर देख लें अगर सनातन का अस्तित्व नहीं तो उन देशों में तानाशाही है और एक राष्ट्रीय धर्म है। कम से कम साम्यवाद की तो बू भी नहीं आती, है कि नहीं ?

उदाहरण में आप को क्या समझाना पर कभी फुरसत मिले तो चीन के उईगर मुसलमानों का हाल, मयन्मार के रोहिंग्याओं का हाल और बाँग्लादेश से पाकिस्तान में बेहतर मुस्तकविल की तलाश में पहुँचे बिहारी मुसलमानों की हालत का जायज़ा ले लें। खैर मुहाज़िर तो जानते होंगे ना आप ? कभी कभार बलूचिस्तान का ज़ायज़ा भी ले लिया करें वहाँ के बलोच अपनी अमन चैन की हालत आपको बयाँ कर देंगे।

कभी सोचा है कि इस्लामी, यहूदी और क्रिस्तानों के देश में साम्यवाद के पैर क्यों नहीं जमते ? वगैर रक्तपात के अगर कहीं लाल सत्ता स्थापित हुई है तो वह बस भारत और नेपाल में और आपकी जानकारी के लिये ये बताना ज़रूरी तो नहीं होगा कि दोनों देशों में सनातन ही अपनी बहुसंख्यकता साबित करता रहा है। चीन पर भी जब लाली चढ़ी तो वहाँ बौद्ध का प्रसार था इसी लिये आप की विचारधारा ने अपने पाँव पसारकर मज़दूरों के एक होने के नारे के साथ पूँजीवादियों की तानाशाही स्थापित कर दी।

खैर आपको इस तरह की बातें बताना ज़रूरी है क्या ? प्रिय राजीव गाँधी की प्रतिष्ठा के लिये आसमान सिर पर उठा रहे आपकी विचारधारा के समर्थक बुद्धिजीवी शायद ये नहीं जानते कि जब नेहरू जी चीन के साथ एक अनचाहे युद्ध में फँसे हुए थे उस वक्त आपकी पार्टी की राय ये थी कि नेफ़ा चीन को मिल जाना चाहिये। गज़ब है ना ?

एक वामपन्थी नेता की हत्या के आरोपियों के साथ आपकी विचारधारा का एक पूर्व छात्र नेता मेल जोल बढ़ा कर चुनाव लड़ रहा है और आपको अपनी दोगलापन्थी दिखाई नहीं दे रही है पर हिन्दुओं का हिंसक स्वभाव ज़रूर दिख रहा है ! आश्चर्य होना चाहिये कि नहीं ?

धारा ३७० की मलाई खाते जमातों से प्रतिष्ठा और सम्मान प्राप्त पंडित जब पूरे हिन्दुस्तान में दर ब दर होकर रिफ़्यूज़ी बने हुए हैं पर हथियार नहीं उठा रहे, एक भी कश्मीरी पंडित आतंकवाद का रास्ता नहीं चुन रहा है, फिर भी हिन्दू हिंसक ?

गज़ब का हास्यबोध है आपका ? विचारधारा का नाम साम्यवाद और सोच में ऐसी विषमता !

थोड़ी सी दक्षिण पन्थी विचारों वाली एक पार्टी देश में ५ साल के लिये सत्तारूढ़ क्या हुई आपको असहिष्णुता की बदबू आने लगी पर थ्येन - आन - मन चौक पर साम्यवादी बंदूकों की गोली से लहूलुहान छात्रों की आवाज़ें घोंट दी गईं तब आपकी इस नाक को न्यूमोनिया हो गया था क्या ?

तिब्बत पर अवैध कब्ज़ा देखकर क्या आपकी बुद्धिजीवी आँखें चीनी अहिंसकता पर मुग्ध नहीं होती हैं ? बस इस लिये कि हिंसक तो मात्र हिंदू ही हैं, है कि नहीं ?

मलाला युसुफ़्ज़ई पर शायद हिन्दुओं ने ही हिंसक आघात किया था ?

और उस विदेशी पत्रकार की बलि भी हिन्दुओं ने ही दी होगी दुर्गाष्टमी के शुभ अवसर पर ?

९ / ११ और २६ / ११ हिन्दुओं की ही साज़िश है ?

इतिहासकारों की फ़ौज़ बुलाइये और साबित कर दीजिये कि अरब देशों के बीच लड़े गये युद्ध में भी हिन्दुओं का हाथ था।

शार्ली एब्दो में तो हिन्दुओं का हाथ ज़रूर होगा ?

न्यूज़ीलैण्ड और नार्वे की घटनायें आपको हिंसकों का पता बता देंगी। पर आपको कैसी ज़रूरत। आपको तो पहले से पता है कि हिन्दू हिंसक हैं।

आजतक एक भी हिन्दू आतंकवादी होकर जिहाद के प्रत्युत्तर में धर्मयुद्ध की मशाल जलाये बैठा हो और इसका आप एक भी सबूत दे दें तो मान लिया जाये आपकी बकबास को सच। संदेह के आधार पर नीतियाँ निर्धारित करना उचित नहीं।

आपने ये भी कहा कि सनातन संस्कृति की गाथाओं में हिंसा भरी पड़ी है जैसे शूर्पनखा का नाक कान काटना, राम का या कृष्ण का युद्ध अभियान पर आप एक बात भूल गये कि आत्मरक्षा में या न्याय पालन और सम्प्रभुता रक्षण के दौरान

आघात करना हिंसा नहीं कहलाता। देश की सीमा पर लड़ता हुआ सैनिक क्या हिंसक है। न्यायालय के आदेश पर फाँसी लगाने वाला जल्लाद क्या हिंसक कहलाता है ?

अगर पत्नी के अपहरण कर्ता के विरुद्ध एक वनवासी ने बन्दर भालुओं की फ़ौज़ बनाकर युद्ध का आह्वान किया और अपनी पत्नी को उस अपहर्ता से मुक्त करवाया तो ये हिंसा हुई क्या ?

क्या अपनी पत्नी के अपहरण कर्ता को क्षमा करके राम को अपना अहिंसक स्वरूप दिखाना चाहिये था ?

वही बात महाभारत काल का भी है। कृष्ण ने अपने माता पिता को कैद में रखने वाले मामा कंस का वध किया। क्या कृष्ण को कंस को प्रशस्ति पत्र देकर सम्मानित करना चाहिये था, सनातनियों की अहिंसक प्रवृत्ति को दिखाने के लिये ?

पाण्डवों ने अपनी पैतृक भूमि और स्त्री अपमान का बदला लेने के लिये कतिपय शान्ति प्रस्तावों के उपरान्त युद्ध का मार्ग चुना तो क्या यह हिंसा थी ?

चीरहरण के बाद भी दुर्योधन के चरणों में आत्मसमर्पण जरूरी था अहिंसक स्वरूप दिकलाने के लिये ?

आप ही बताइये ?

पर मैं भी निरा मूर्ख हूँ। आपको ये सब क्यों बता रहा हूँ ? आप लोग तो राम को काल्पनिक मानते हैं। रावण की नगरी जाने के लिये राम सेतु का ध्वंस करने को तैयार हैं।

पुराणों की मनमर्ज़ी से की गयी व्याख्या के बाद यदि आप सुरक्षित हैं तो इसे सनातन का सौन्दर्य मानिये और इसके प्रति कृतज्ञ रहिये और एक सलाह है कि दो चार आसमानी किताबों की बुराई कभी ना करें यदि बुराई दिख भी जाये तो भी क्यों कि सनातन जैसी सहिष्णुता अन्य पन्थों में नहीं है। कभी कभी शार्ली एब्दो की घटना में भी सहिष्णुता के बीज ढूँढिये। फ़ायदे में रहेंगे।

पर आपको क्या ? हिंसक तो हिन्दू हीं हैं।

येचुरी साहेब, किसी भी सनतनी धार्मिक ग्रन्थों में ऐसी एक भी पंक्ति आप ढूँढ नहीं पायेंगे जिसमें परधर्मियों की हत्या की बात कही गई हो पर जिस भी आसमानी किताब को खोल कर देखिये क्रुसेड और ज़िहाद हर दूसरी पंक्ति में आपका इस्तकबाल करते हुए दिख जायेंगे।

फिर भी हिंसक हिन्दू ?

वाह !

कवि जयदेव ने कल्कि अवतार का जिक्र करते हुए म्लेच्छ शब्द का जिक्र अपने द्वारा रचित दशावतार स्तुति में किया है कि -

" म्लेच्छनिवहनिधने कलयसि करवालम् "

पर यहाँ पर म्लेच्छ शब्द का संबंध अनैतिक आचरण से है किसी अन्य धर्म या मतानुयायी से नहीं।

एक उल्लेख कालयवन का आता है द्वापर युग में पर इसे भी किसी अन्य धर्म, मत या सम्प्रदाय से जोड़ना उचित नहीं होगा कारण द्वापर युग में तो इस्लाम, ईसाइयत, यहूदी या किसी अन्य धर्म का तो अस्तित्व हीं नहीं था। तो यह शब्द यवन भी निषिद्ध आचरण वाले किसी क्रूर और आततायी से संबंधित है किसी सनातनेतर धर्मावलम्बी से नहीं। कुछ अल्पज्ञ इतिहासकार नाटक के बाहरी पर्दे का नाम यवनिका होने को इसे इस्लाम या यूनानियों से जोड़ने का प्रयास करते हैं पर उन्हें अपनी कमअकली सिद्ध करने के लिये मात्र शब्द कालयवन पर ध्यान देना चाहिये। शब्द यवन हमारे पास द्वापर युग से है जब ना ईसा थे, ना मूसा ना मुहम्मद ; ना अरस्तु ना सुकरात, ना प्लेटो ना सिकन्दर। बुद्ध और महावीर के भ्रूण भी अस्तित्व में नहीं थे।

पर फिर भी हिंसक कौन ?

पता चला क्या ? नहीं ना बस हिन्दू के नाम पर नोटा बटन दबा दीजिये।

पर गलती आपकी भी नहीं है। आपकी पोषित विचारधारा ने हिंसक हिन्दू हीं तो पैदा किये हैं।

येचुरीजी, हिन्दू योद्धा होता है हिंसक नहीं। हिन्दू के रगों में प्रजातान्त्रिक मूल्य रक्त के साथ साथ प्रवाहित होते हैं। यही कारण कि सामाजिक समता की मृगमरीचिका दिखलाकर अगर आपने और आपके समानधर्मी विचारकों ने पूँजीपतियों, धनाढ्यों और सम्पन्न तबके के खिलाफ़ दलितों में असहिष्णुता नहीं भरी होती तो नक्सलियों के रूप में हिंदुओं में हिंसक तबका पैदा हीं नहीं होता । गरीबों को सम्पन्न बनाने के गुर सिखाने के बदले आपने और आप जैसे विचारकों ने आजीविका उत्पादकों और श्रम क्रेताओं के प्रति श्रमिक वर्ग में नफ़रत के बीज बो कर अमीरी को समाप्त कर समता मूलक समाज की स्थापना करने की बात कैसे सोची इस पर हमें आज भी तरस आता है। यह तो कुछ ऐसी हीं बात हुई कि अन्धों को आँखों में ज्योति भरने की कोशिश के बदले आँख वालों को अन्धा बना कर समतामूलक समाज बना दिया जाये। गरीबों को अमीर बनने का गुर सिखाते तो वामपन्थ दीनदयाल और समृद्धि की गंगोत्री बन सकता था पर आपकी विचारधारा ने श्रम को शक्ति के बदले अस्त्र में परिणत कर समाजोपयोगी सेवाभाव को संघर्ष की ज्वालामुखी बना दिया । बंचितों का एक तबका अपनी शैक्षणिक और तकनीकी अक्षमता को जातिवाद का अवदान मान कर समाज के तथाकथित सामाजिक, आर्थिक और बौद्धिक रूप से समृद्ध तबके से पूर्ण वैमनस्यता की स्थिति बनाये हुए है। मेरा मानना है कि आपने हिन्दुत्व को बड़े बेहतरीन ढंग से जाना है जिसमें आपने हिन्दुत्व के तटस्थ रहने की प्रवृत्ति को अपना हथियार बना कर इसके एक जोशीले, चिंतक किन्तु विवेकहीन तबके को अपना शिकार बना कर अपने अविश्वसनीय समता मूलक और जाति धर्म विहीन समाज की कल्पना की मृगमरीचिका में उलझा रखा है।

येचुरी जी आप एक प्रखर वक्ता हैं पर विषम परिस्थितियों ने आपकी जुबाँ फ़िसलने लगी है। ५ देशों की तानाशाही, दो देशों के प्रजातन्त्र और रूस के वैचारिक भग्नावशेष में निहित आपकी सम्पोषित विचार धारा आजकल कुछ केन्द्रीय

विश्वविद्यालयों की छात्रवृत्ति से हीं पोषित हो रही है। साम्यवाद सिर्फ़ मिखाइल गोर्वाचेव के सुनहरे दिवास्वप्न तक हीं सीमित है। साम्यवाद भारत में एक विशुद्ध वैचारिक आन्दोलन है जिसका जीवित रहना हीं हिन्दुओं के अहिंसक चरित्र का प्रमाण है। हिन्दुओं के अतिरिक्त अन्य मतावलंबी तभी तक आपके साथ सेकुलर राग के साजिन्दे बने रहेंगे जब तक वे अल्पसंख्यक हैं। जिस दिन ये बहुसंख्यक हुए तो आप और आपकी विचार धारा कब क्रुसेड या ज़िहाद की लपटों में भस्म हो जायेगी पता भी नहीं चलेगा। सबूत मत माँगिये जैसे आप लोग सर्जिकल स्ट्राइक के माँगते रहते हैं। कभी जम्मू कश्मीर में चुनाव लड़ कर देखिये। हिन्दू हैं तो अहिंसा का मूल्य है। जिस दिन हिन्दू मिटे .... बच्चे कोर्स में पढ़ा करेंगे एक था साम्यवाद, एक था वाम पन्था।

जै राम जी की।
भवदीय एक भारतीय सनातनी।

६. हिंदू सेक्यूलरिज्म के साइड इफ़ेक्ट
या एक खत अनुजों के नाम

प्रिय अनुज,

मैं ने अपने एक मित्र का एक पोस्ट शेयर किया था जिसमें ईसाई मतावम्बियों की धार्मिक क्रिया कलाप का एक चित्र था जिस पर मित्र का व्यंग्य था कि सिर्फ़ नींबू, नारियल और ओंकार अंधविश्वास है .... आगे की पंक्ति में व्यंग्य की मारकता का स्तर असह्य था पर मेरा मानना है कि अगर युद्ध वैचारिक हीं सही, छिड़ जाये तो हल्का वार करना मानसिक कमजोरी है और आप जैसे अनुजों की कुछ बातें बड़ी धारदार थीं -

१. ये वो हिन्दू हैं जिन्होंने भगवान बदला है धर्म नहीं।

२. हिन्दुत्व ने हमें स्वतन्त्र हो कर सोचना सिखाया है।

३. वो हिन्दू हीं क्या जिसके खून में उबाल ना हो !

४. अखबार, चैनल बदलिये हालात बदल जायेंगे।

५. We liberals have big element of flexibility which definitely makes our life better.

६. ऐसा क्यों कि जो दूसरे करें तो हम भी करें यानी वो बलात्कारी तो हम भी बलात्कारी।

ये मेरे शेयर्ड पोस्ट पर मेरे अनुजों के विमर्श के साइट्स हैं जो मुझे याद रहे या व्याख्या योग्य हैं। कुछ कमेण्ट अक्षरशः मैच कर सकते हैं तो कुछ की भावनाओं को समझिये।

अब मेरे विचार ---

क्या आप पहली पंक्ति और तीसरी में हिन्दू शब्द को किसी अन्य सम्प्रदाय का नाम लिख कर बदल सकते हैं ?

दूसरी पंक्ति का लुब्बो लुबाव बस इतना है जैसे कोई ये कहे कि माँ बहन की गालियाँ हमें माँ बहनों की अस्तित्व की वजह से हीं सिखाई गई हैं। मतलब ये कि हिन्दुत्व ने आपको इतना स्वतंत्र होकर सोचना सिखा दिया कि आप उसी की माँ बहन एक कर सकते हैं।

चौथी पंक्ति तो NDTV के रवीश जी का टैग लाइन है जो आजकल इस बात का प्रचार अपने चैनल पर कर रहे हैं कि NDTV इंडिया और NDTV 24 X 7 अखबार से भी कम कीमत पर उपलब्ध है, अपने केवल आपरेटर से कहें। आप क्या देखेंगे ये आपका हक़ है। मतलब अपना चैनल छोड़ने के लिये नहीं कह रहे हैं ... ये है टैग लाइन से दोगलई।

वैसे मेरा मत है NDTV इंडिया और NDTV 24 X 7 इस लिये देखिये क्योंकि इन्हीं को विमर्श दिखाने की कला आती है, अखबार भी पढ़िये।

NDTV इंडिया और NDTV 24 X 7 से निवेदन बस इतना है कि सरकार की बुराई कीजिये ... घनघोर कीजिये पर अच्छाई भी अगर होती है तो उस पर भी सकारात्मक विचार रखिये। फूलों भरे बागीचे में सूअर की तरह मल अन्वेषण की कला से ऊपर भी उठिये। BJP और मोदी विरोध को भारत विरोध के संग पाकिस्तान तथा चीन के लिये खुद को सबूत जुटाऊ केन्द्र बनने से रोकिये।

५ वीं पंक्ति तो सुविधाभोगी सनातनियों दीर्घसूत्रता का अप्रतिम उदाहरण है। इनकी फ़्लेक्सीबिलीटी कुछ ना करने की कामचोरी का आभिजात्य रूप है जैसे मतलब के बदले तात्पर्य। ये फ़्लेक्सीबिलीटी का असर ये है कि बिना किसी अकाल, बाढ़, भूकम्प या महामारी के पाकिस्तान, अफ़गानिस्तान और बाँग्लादेश में हिन्दू १ - २ % तक आ गये और भारत में माल्थस का जनसंख्या सिद्धान्त बखूबी चल रहा है हर वर्ग के जनसंख्या बढ़ोत्तरी अभियान में।

अनुज, हिन्दुओं की सदाशयता का कहना हीं क्या ? कई हिन्दू मेढकों ने अपने पारिवारिक झगड़े को निपटाने के लिये साँप को पंच रूप में बुला लिया था। गैरों के साथ रोटी बेटी के व्यवहार मतलब फ़्लेक्सीबिलीटी ने एक सम्भ्रान्त समुदाय को अपने आर्यावर्त में हीं रिफ़्यूज़ी बना दिया है जो आज कल पूरे भारत में कालीन बिछाते फिर रहे हैं और अटारी / बाघा बार्डर पर मोमबत्तियाँ जला रहे हैं।

एक बार अपने विश्व के अतीत में जाकर खंगालें तो पायेंगे कि लगभग २५०० - ३००० साल पहले कोई सम्प्रदाय नहीं था पर सनातन समाज के पास एक पराध॔ से लेकर निमिष तक की गणना होती थी । सनातन समाज के मनीषी उस समय भी अरबों खरबों तक की गिनती गिनकर अपने बीजी पुरुष ब्रह्मा की आयु की गणना कर प्रलय की तिथि भी कैलकुलेट कर चुके थे जबकि सबसे बुद्धिमान रोमन समाज शून्य तक नहीं लिख पा रहा था। पर ध्यान दें कि क्या आज से ४००० साल पहले येरुशलम, मक्का, चीन, जापान आदि देशों में क्या सनातनियों के अलावा कोई और रहते होंगे ? पर आज इन्ही देशों में जाने के लिये वीजा चाहिये क्योंकि आज इन स्थानों पर सनातनी हिन्दू हैं क्या ? पर इतिहास खंगालें तो हजरत मुहम्मद के बाल भी भारत में महफ़ूज़ रहे और ईसा मसीह भी कश्मीर में आकर रहे इसका आधार मिल जायेगा। पारसी तो इसीलिये अपना डीएनए बचा पा रहा है कि इस दुनियाँ में भारत नाम का एक देश भी है॥

आप को हिन्दू धर्म उस संयुक्त परिवार का बड़ा भाई जैसा दिखेगा जिसके छोटे भाइयों ने सारी जायदाद बाँट कर उसे एक टूटी झोपड़ी भी रहने को दया दिखा कर दिया है और उस जमीन पर भी अपना हक दिखाने और आँखें तरेरने से बाज़ नहीं आ रहे।

कभी सोचियेगा कि अगर भारत ना हो तो पारसी धर्म के पास अपनी ज़मीन तक नहीं रही और इज़रायल के बाद सिर्फ़ भारत में यहूदी बाइज़्ज़त रह सकते हैं । ईसाइयों की दयालुता देखनी हो तो शेक्सपीयर साहेब का मर्चेण्ट आफ़ वेनिस पढ़

लें। झंझारपुर के पास सुखेत में बना चर्च आपकी धर्मनिरपेक्ष आँखों के मोतियाबिन्द का आपरेशन जरुर कर देगा। मेरा दावा है कि सुखेत चर्च के भक्त जेसस क्राइस्ट, कैथोलिक, प्रोटेस्टेण्ट, बैटिकन आदि अंग्रेज़ी में लिख पढ़ पायेंगे इस पर आप को भी पूरा यकीन नहीं होगा।

कभी सोचिये कि अगर बाँग्ला देश और पाकिस्तान से अगर सनातनी खदेड़े गये तो कहाँ जायेंगे भारत को छोड़ कर जबकि सिर्फ़ शान्ति प्रेमियों के उमड़ते प्यार को देख कर आज तक कश्मीरी पंडित कश्मीर जाने की हिम्मत नहीं जुटा पा रहे हैं। यहूदी का एक, इस्लाम का लगभग ५०, ईसाइयों का सारा जहान, बौद्धों के लिये (याद रखें बौद्धों के पोप भी चीन जापान का राष्ट्रीय धर्म बौद्ध होते हुए भी भारत में हीं दुबके बैठे हैं) तो क्या कहना, पर हिन्दू समाज के लिये .... कहाँ भागेंगे। सारे एन - आर - आइ जूते खा खा कर खाली जेब भारत का हीं रुख करेंगे। सुन्दर पिचाई और सत्या नाडेला देख कर गुमान मत कीजिये, टूरिस्ट प्लेसों पर गुजराती पर्यटक को लुभाने के लिये गुजराती गाईड हीं रखे जाते हैं और फ्रेंच टूरिस्टों को रिझाने के लिये फ्रेंच भाषी गाइड । ये साफ़्ट्वेयर मुगल गूगल और माइक्रोसाफ़्ट के सेल्स एजेंट हैं बस ।बाकी पूरा भारत तो सेक्यूलर है हीं।

पहली बार प्लेन पर यात्रा की तो पढ़ा कि जब ऊपर में आक्सीजन की कमी हो जाये तो आक्सीजन मास्क नीचे लटक आते हैं। ऐसा होने पर पहले अपना मास्क पहनें फिर अपनों की फ़िक्र करें।

इस लिये अनुज, आग्रह है पहले धार्मिक बनें, धर्मनिरपेक्ष बनने के लिये सारी उम्र पड़ी है।

इति शुभम् ॥

७. ब्राह्मण और साम्यवाद

आज अगर आप कहीं भी एक प्रश्न पूछें कि देश के पिछड़ेपन का कारण क्या है; प्रायः उत्तर मिलेगा जातिवाद। और जातिवाद का कारण....

तो मनुवाद आखिर में मनुवादी कौन?

तो ब्राह्मण।

जी हाँ एक सर्व मान्य उत्तर है देश की हर समस्या का ब्राह्मण। शूद्रों के कान में शीशे पिघला कर डालने वाला, अपना मल मूत्र दलितों और अछूतों के सिर पर ढोने को विवश करने वाला, अधिकतम (मात्र) पाँच घर से भिक्षा माँग कर या शिलोञ्छवृत्ति से अपना उदरपूर्ति करने वाला।

मात्र क्रोध, ज्ञान और गरीबी को पीढ़ियों से सँजोए ब्राह्मण वास्तव में साम्यवाद का प्रतीक है। वर्ग और जाति विहीन समाज की कल्पना, नारी अस्मिता या विधवा विवाह, अंतर्जातीय विवाह की सामाजिक मान्यता निर्धारण, आरक्षण, सामाजिक समरसता, गोद लेना, नारी के विवाह और पूर्व संतान की सामाजिक स्वीकार्यता, आइ वी एफ आदि सभी विवादास्पद विषयों पर धर्म संगत और लोकमान्य मत स्थापना ब्राह्मण का धर्म विहित कर्म रहा है जिस पर आज कल की चार जमात पढ़ी नस्लें साम्यवादी मुहर लगा रही हैं।

अनुलोम प्रतिलोम विवाह का प्रावधान अंतर्जातीय विवाह को आर्ष सम्मति के आधार पर सामाजिक मान्यता दिलाता है। उदाहरण के लिए मत्स्यगंधा का एक पुत्र व्यास ब्राह्मण पर चित्रांगद और विचित्रवीर्य क्षत्रिय, देवयानी (ब्राह्मण) और शर्मिष्ठा (असुर) के पुत्र क्षत्रिय जबकि आज कोर्ट में अंतर्जातीय शादी हो भी जाए तो भी नव दंपति का आने वाला शिशु आरक्षण पाएगा या नहीं जज का बाप भी नहीं बता सकता पर ब्राह्मणों की स्मृतियों में यह बात प्रमाण और प्रक्रिया के साथ रक्षित रही है।

नारी पुनर्विवाह के लिए समाज आज तक मानसिक रूप से तैयार नहीं है पर हमारे धर्म शास्त्र अग्नि पुराण में स्पष्ट लिखा है कि -

पत्यौ प्रव्रजिते नष्टे, क्लीवे च पतितेमृते।पंचस्वापत्सु नारीणां, पतिरन्यो विधीयते ।।

अर्थात् परिव्राजक, पतित, त्यागी, क्लीव, नपुंसक, मृतादि अवस्थाओं में नारी के लिए दूसरा पति ग्राह्य है।

कुछ माडर्न धर्म तो हक ए मेहर से हलाला तक के नारी सम्मानजन्य परंपराओं से सुसज्जित हैं । संस्कृत में तो तलाक के लिए शब्द हीं नहीं है, उस भाषा में जिसमें अभी तक विदेशज शब्दों की पैठ नहीं हुई है और जहाँ एक शब्द के कम से कम दर्जनों रूप हैं ।

विवाह पूर्व शिशु के लिए आठ प्रकार की श्रेणी है एक पुत्रहीन परिवार के लिए बेटे पाने का या पुत्र / पुत्री के आठ प्रकार वर्णित हैं ---- जिसमें विवाह पूर्व जन्मे पुत्र से लेकर नियोग तक का उल्लेख है।

जिस बाबा साहब और मंडल जी को आरक्षण का श्रेय दिया जा रहा है वह भी वर्ण व्यवस्था के माध्यम से ब्राह्मणों की संकल्पना में आदिकाल से अस्तित्व में है। पहले पुरुष सूक्त और फिर गीता ने भी स्वीकार किया है

चातुर्वर्ण्यम् मया सृष्टम् गुण कर्म विभागसः। ध्यान दीजिए कि जन्म से नहीं कहा कभी।

आज भी आरक्षण के लिए सबको जाति - धर्म निरपेक्ष सरकारें जाति पहचान कर हीं सुविधा दे रही है।कभी भी सफाई कर्मी के रूप में नगरनिगम द्वारा किसी ओ बी सी का चयन होते देखा है ?

नाई, सुनार, कुम्हार, लोहार, बढ़ई आदि जाति से ज्यादा आजीविका सूचक या प्रोफेशनल सुनाई देता है। मृत मानव देहों के अंतिम संस्कार में समाज के आखिरी कोने पर बैठे डोम को अधिकार प्राप्त है तो मृत पशुओं के मामले उन्हीं हाथों में क्यों

नहीं ? चमारों को जूते बनाने का पूर्ण अधिकार और इसी लिए मृत पशु देह उनके हवाले और धर्म शास्त्र में उल्लेख कि " सिद्धे चर्मणि वस्त्रवत् " तथा " पश्चिमे चर्मोदकम् " क्या यह नहीं दिखलाता कि हर हाल में समाज के हर तबके को आजीविका का साधन मिले वह भी वगैर वर्ग संघर्ष या विद्वेष फैलाए।

कभी सोचा है कि आजीविका के चार साधनों में ब्राह्मणों के लिए बचा क्या ?

उत्तम खेती मध्यम वान

अधम चाकरी भीख निदान।।

इस चार में से मात्र भिक्षाटन वह भी वगैर गरिमा खोए।

भवति भिक्षाम् देहि का उद्घोष के साथ भिक्षाटन वास्तव में सामाजिक समृद्धि का बैरोमीटर था कि क्या समाज के हर तबके के पास क्या इतना है कि खुद के पोषण के साथ एक भिक्षुक को दे सके ?

क्या ब्राह्मणों के वस्त्रों पर कभी ध्यान दिया है ? लगभग समाज के निर्धनतम व्यक्ति का वस्त्र मात्र एक धोती और उत्तरीय या गमछा। गांधी, विनोबा तक तभी जन जन के मन की आवाज बने जब ऐसा वस्त्र धारण किया, सूट फूट या पगड़ी नारी नायक सदैव एक खास फिरके, तबके, संप्रदाय या सोच के चहेते बने।

धनवान ब्राह्मण स्वप्न में भी सम्मान नहीं पाता जबकि समाज का हर वर्ग अपने समाज के धनाढ्यों को पूछता है। ब्राह्मण के कार्यों में पढ़ना पढ़ाना, दान लेना दान देना हीं उल्लेखनीय है। अब दान लेने को होटल के बेयरे की टिप मान कर ब्राह्मण की आमदनी मत आँकिए। दान कोई भी यजमान किसी अपरिहार्यअवसर पर अपनी इच्छानुसार (सामथ्र्यानुसार नहीं) देता है पर टिप सामथ्र्यानुसार। बेयरा टिप से इनकार कर सकता है पर आपके पुरोहित को उसे सहर्ष स्वीकार करना हीं पड़ता है जबकि हर दान का बाद प्रतिदान अनिवार्य है। ब्राह्मणों की शुभकामनाएँ और आशीर्वाद भी समाज के हर तबके के लिए होता है -- सर्वे भवंतु सुखिनः ।

जहाँ समाज का हर तबका किसी न किसी वर्ग से दूरी जरूर बनाए रखता है उसे अश्पृश्य मानकर वहीं हर सनातन धर्मी के घर जाकर धार्मिक संस्कारों का पालन करवाना इन्हीं विप्रों के जिम्मे हैं वगैर छुआछूत की परवाह किए। अगर अश्पृश्यता के विरुद्ध कोई एक जाति खड़ी है तो वह है ब्राह्मण।

कभी किसी सनातन धर्मी ने अपने पुरोहित को पूजा, कथावाचन, विवाह या श्राद्ध कर्म हेतु बुलाया है तो शायद हीं ये पूछा होगा कि पंडित जी घर पर सब कुशल है या नहीं। पर अपनी दुर्दशा को छुपाकर आने वाला ब्राह्मण उसके परिवार का हाल चाल जरूर पूछेगा। आखिर क्यों ? उत्तर है उसका साम्यवादी चरित्र।

और क्या कहूँ आज भी भारत में साम्यवादी पार्टियों की अधिकतम सदस्यता ब्राह्मणोंकी हीं है, सनातनधर्मी जनसंख्या बहुल राष्ट्र में हीं साम्यवाद का फैलाव है बर्ना या तो साम्यवाद तानाशाही सत्ता रूप है जैसे चीन, क्यूबा आदि या मृत है। ईसाई, मुसलमान, यहूदी राष्ट्रों में तो साम्यवाद बस शब्द कोश का एक शब्द मात्र है।

८. जाति व्यवस्था, धर्म और आजीविका ।

आज के अंग्रेजीदाँ माहौल में मैं ये मान लेता हूँ कि भारत साँपों और साधुओं का देश था,

हम असभ्य थे,

हम जातिवाद और छूआछूत के शिकंजे में लिपटे हुए थे और धर्म रूपी अफीम को चाट कर किसी तरह जी रहे थे। अगर अंग्रेज,

फ्रांसीसी,

डच और पुर्तगाली बास्को डि गामा जी न आते तो हम आज भी जंगली होते पर उन दिनों में भी हमारे समाज में सबके पास काम था;

अकाल,

बाढ़ और भूकंप से हम परेशान थे पर परास्त नहीं । भुखमरी और बेरोजगारी के सपने भी नहीं आते थे।

कहा जाता था .....

उत्तम खेती मध्यम बान,

अधम चाकरी भीख निदान ॥

पूरे गाँव के लोग एक परिवार जैसे थे। शादी की खुशियाँ या मौत का मातम सब मिल कर बाँटते थे। कागजों की डिग्रियाँ नहीं थी पर कोई निरक्षर भी नहीं था (अशिक्षित और निरक्षर पर गौर करें) । हमारे पास राजतंत्र की दृढ़ता थी तो प्रजातंत्र की स्वीकार्यता भी। पर छुआ छूत था नफरत नहीं । हमारे भारत में कभी कोई बुश किसी ओबामा से हाथ मिलाने के बाद लिक्विड सैनिटाइजर हाथों पर नहीं छिड़कता था पर जी हाँ छुआ छूत था। नाई, तेली, लुहार, कहार, मोची, धोबी /

रजक,, बढ़ई, कुम्हार, भंगी, डोम, मेहतर, दुसाध, मुसहर, पमरिया, जुलाहा, लहैरी, नट, कुंजड़ा, कोइरी, कुरमी, कसाई, मल्लाह / मछुआरा / केवट / धीवर / निषाद, कायस्थ, ब्राह्मण, क्षत्रिय, वैश्य और ये सब आजीविका आधारित थे। इन जातियों की भी उप जातियाँ हैं। लेखक उस दृश्य का प्रत्यक्षदर्शी रहा है जिसमें एक कुम्हार के द्वारा एक भंगी सफाईकर्मी को भोज के बाद बचा हुआ भात ले जाने के आग्रह को किस तरह उसने ठुकरा दिया कि कि अन्य जाति का दिया भात उसके जाति वाले नहीं खाते। तो छुआ छूत था पर नफरत नहीं।

कभी किसी ब्राह्मण ने भूखा रहकर भी सैलून खोलकर हजामत शुरू नहीं किया या किसी कुम्हार ने धंधा मंदा देखकर लाह की चूड़ियाँ बनाने की जुरत नहीं की। यज्ञोपवीतधारी जातियों ब्राह्मण, क्षत्रिय और वैश्य द्वारा कृषि योग्य भूमि होने पर भी हल का मूठ पकड़ना निषिद्ध था ताकि कृषि कार्य का श्रम लाभ जरूरतमंद तबके / भूमिहीनों को मिले इस तरह एक धार्मिक मनरेगा हमेशा अस्तित्व में रहा वगैर राजनीतिक संरक्षण के। तराजू की डंडी पकड़ना भी निषिद्ध था और एक वणिक् समुदाय अस्तित्व में आया। फसलों के मौसम में हर गृहस्थ के घर से पंसारियों जैसे नाई, कुम्हार, डोम, पमरिया, नट और धोबी आदि को इतना अनाज प्रति वर्ष दिया जाता था और जाता है कि इन लोगों को साल भर अनाज की कमी न होवे ।हर गृहस्थ के घर में इतना संचय होता था कि दो लगातार सालों में अतिवृष्टि अनावृष्टि बाढ़ या भूकम्प जैसी प्राकृतिक आपदाओं का सामना किया जा सके पर आजकल का प्रोफेशनल तबका एक दो महीने सैलरी न मिलने या नौकरी छूट जाने का सदमा नहीं झेल पाता है।

पहले भारतीय समाज में जिसे पुश्तैनी व्यवसाय या गुण मानते थे पाश्चात्य शिक्षा प्राप्त व्यवस्था उसे नेपोटिज्म कहता है। बनारसी साड़ी का व्यवसाय पुश्तैनी विरासत का अनूठा उदाहरण है।

आज जिस अंतर्जातीय विवाह पर आज का अर्द्ध शिक्षित सभ्य वर्ग जातिविहीन समाज की आधारशिला रख रहा है, हमारे प्राचीन सभ्यता में ऋषियों ने अनुलोम

और प्रतिलोम विवाह को मान्यता दे रखी थी। मनु ने पति के नपुंसक, मृत, पतित हो जाने पर स्त्री के पुनर्विवाह को उचित और अनिवार्य बताया है। आज के वर्क प्लेस पर अगर अमीर न हो तो युवा विधवाएँ और तलाकशुदा स्त्रियाँ आसान शिकार के तौर पर देखी जाती हैं, विधवा विवाह तो किस चिड़िया का शाम है ये हमारा आधुनिक समाज जानना भी नहीं चाहता।

हाँ, हर व्यवस्था कुछ अवगुणों का शिकार हो जाती हैं तो हमारा सनातन समाज भी हुआ।

आप अगर देखें तो मुसलमान बनने की प्रक्रिया सत्ता की धौंस में हुई या धोखेसे हुई जैसे जल स्रोत मे निषिद्ध बस्तु मिश्रित कर उन्हें अनजाने में खिला कर या विवाह करके। ईसाइयों ने शिक्षा, चिकित्सा और सामाजिक समता की छवि दिखा कर जनजातियों का धर्म परिवर्तन जरूर करवाया है पर आप एक भी नाई, बढ़ई, सुनार, मेहतर, डोम या भंगी को सामूहिक रूप से ईसाई बनते नहीं दिखा सकते।

इस आजीविका आधारित जाति या वर्णाश्रम के कारण ये जातियाँ स्वेच्छा से धर्म परिवर्तन को कम हीं स्वीकार करती दिखाई देती हैं पर जनजातियों मे अवश्य हीं यह दिखा है तो ये भी सच है कि जंगलों मे वर्ग विभाजन आजीविका के आधार पर न हुआ है और न हो सकता है।

तो संक्षेप में यह माना जा सकता है कि जाति ने धर्म परिवर्तन को अगर रोका नहीं है तो उसे हतोत्साहित अवश्य किया है।

सनातन धर्म के प्रतिमानों पर निष्ठुर प्रहार बुद्धिजीवियों की सहज तार्किकता उदाहरण है। अन्य मतावलंवियों के सहज पत्नी परित्याग प्रक्रिया, कनफेशन द्वारा पापमुक्ति प्रमाणपत्र, एक पूर्ण लाल देश का सनातन धर्म के एक छोटे हिस्से में पूर्णतया रंगा होना और उस पर कोढ़ में खाज कि उस लाल देश का ध्येय वाक्य में धर्म का अफीम होना, यहूदियों पर ईसाई और इस्लाम का प्रगाढ़ स्नेह, किम जोंग की मानवीयता, स्पेन के बुल फाइट से उपजा सहज पशु प्रेम, ... इन तटस्थ

व्यवहारों या घटनाओं पर हमारे बुद्धिजीवी " न हन्यते हन्यमाने शरीरे " वाले भाव में हमेशा डूबे रहते हैं ।

मकबूल की आड़ी तिरछी लकीरों से आभासी नग्न नारी की डूडलिंग का नाम सरस्वती रखा जाना उन्हें गंगा जमुनी तहज़ीब का संगम दिखता है पर ऐसा ही अन्य कार्टून जब फ्रांस में बनता है और शार्ली एब्दो की की गई तुकाई में उन्हें कोई असहिष्णुता नहीं दिखती है।

अब जरा इस पर विचार करें कि कारण क्या है ? किसी का भी सनातन धर्म पर मजाक, कटाक्ष और सार्वजनिक आरोप लगाना इतना आसान क्यों है ?

वास्तव में सनातन धर्म एक आत्मलीन मानसिकता है जो वाह्य उपादानों से अनासक्त रहकर उस परमतत्व के चिंतन में लीन रहता है। इसमें पार्थिव प्रगति के बदले आत्मिक उत्थान अधिक महत्वपूर्ण माना जाता है। ज्ञान को गुप्त करना इस मानसिकता का प्रमुख गुण है ताकि तपस्या द्वारा अर्जित शक्तियों का कोई अयोग्य और स्वार्थी व्यक्ति अपने लिप्सा पूर्ति के लिए न कर ले। कर्ण, एकलव्य या यदुवंशियों को गांधारी का शाप इसी की एक कड़ी है ताकि कोई हिटलर, ओसामा, आइसिस, जोंग, ब्रिटेन की औपनिवेशिक नीतियों के नेपथ्य के दिग्दर्शक, तालिवान, बोको हरम, अमेरिका की अभेद्य सुरक्षा में राष्ट्रपतियों के अव्यक्त और अदृश्य हत्या केंद्र कभी न बन पाए।

सनातनी इसमें सफल भी रहे। पुष्पक विमान, ब्रह्मास्त्र, अग्निवाण, पाशुपतास्त्र और अद्यतन विद्या द्रोण सर्जित इषीकास्त्र आज लुप्त होकर बुद्धिजीवियों का मजाक बने हुए हैं पर रावण के अतिरिक्त कोई भी इनका दुरुपयोग नहीं कर पाया। इसे सनातन परंपरा का विजय न मानें तो और क्या कहें।

आज के अंग्रेजीदाँ माहौल में मैं ये मान लेता हूँ कि भारत साँपों और साधुओं का देश था, हम असभ्य थे, हम जातिवाद और छूआछूत के शिकंजे में लिपटे हुए थे और धर्म रूपी अफीम को चाट कर किसी तरह जी रहे थे। अगर अंग्रेज, फ्रांसीसी,

डच और पुर्तगाली बास्को डि गामा जी न आते तो हम आज भी जंगली होते पर उन दिनों में भी हमारे समाज में सबके पास काम था ; अकाल, बाढ़ और भूकंप से हम परेशान थे पर परास्त नहीं। भुखमरी और बेरोजगारी के सपने भी नहीं आते थे।

कहा जाता था .....

उत्तम खेती मध्यम बान,

अधम चाकरी भीख निदान ॥

पूरे गाँव के लोग एक परिवार जैसे थे। शादी की खुशियाँ या मौत का मातम सब मिल कर बाँटते थे। कागजों की डिग्रियाँ नहीं थी पर कोई निरक्षर भी नहीं था (अशिक्षित और निरक्षर पर गौर करें) । हमारे पास राजतंत्र की दृढ़ता थी तो प्रजातंत्र की स्वीकार्यता भी। पर छुआ छूत था नफरत नहीं । हमारे भारत मे कभी कोई बुश किसी ओबामा से हाथ मिलाने के बाद लिक्विड सैनिटाइजर हाथों पर नहीं छिड़कता था पर जी हाँ छुआ छूत था। नाई, तेली, लुहार, कहार, मोची, धोबी / रजक,, बढ़ई, कुम्हार, भंगी, डोम, मेहतर, दुसाध, मुसहर, पमरिया, जुलाहा, लहेरी, नट, कुंजड़ा, कोइरी, कुरमी, कसाई, मल्लाह / मछुआरा / केवट / धीवर / निषाद, कायस्थ, ब्राह्मण, क्षत्रिय, वैश्य और ये सब आजीविका आधारित थे। इन जातियों की भी उप जातियाँ हैं। लेखक उस दृश्य का प्रत्यक्षदर्शी रहा है जिसमें एक कुम्हार के द्वारा एक भंगी सफाईकर्मी को भोज के बाद बचा हुआ भात ले जाने के आग्रह को किस तरह उसने ठुकरा दिया कि कि अन्य जाति का दिया भात उसके जाति वाले नहीं खाते। तो छुआ छूत था पर नफरत नहीं ।

कभी किसी ब्राह्मण ने भूखा रहकर भी सैलून खोलकर हजामत शुरू नहीं किया या किसी कुम्हार ने धंधा मंदा देखकर लाह की चूड़ियाँ बनाने की जुर्रत नहीं की। यज्ञोपवीतधारी जातियों ब्राह्मण, क्षत्रिय और वैश्य द्वारा कृषि योग्य भूमि होने पर भी हल का मूठ पकड़ना निषिद्ध था ताकि कृषि कार्य का श्रम लाभ जरूरतमंद तबके / भूमिहीनों को मिले इस तरह एक धार्मिक मनरेगा हमेशा अस्तित्व में रहा वगैर

राजनीतिक संरक्षण के। तराजू की डंडी पकड़ना भी निषिद्ध था और एक वणिक् समुदाय अस्तित्व में आया। फसलों के मौसम में हर गृहस्थ के घर से पंसारियों जैसे नाई, कुम्हार, डोम, पमरिया, नट और धोबी आदि को इतना अनाज प्रति वर्ष दिया जाता था और जाता है कि इन लोगों को साल भर अनाज की कमी न होवे। हर गृहस्थ के घर में इतना संचय होता था कि दो लगातार सालों में अतिवृष्टि अनावृष्टि बाढ़ या भूकम्प जैसी प्राकृतिक आपदाओं का सामना किया जा सके पर आजकल का प्रोफेशनल तबका एक दो महीने सैलरी न मिलने या नौकरी छूट जाने का सदमा नहीं झेल पाता है।

पहले भारतीय समाज में जिसे पुश्तैनी व्यवसाय या गुण मानते थे पाश्चात्य शिक्षा प्राप्त व्यवस्था उसे नेपोटिज्म कहता है। बनारसी साड़ी का व्यवसाय पुश्तैनी विरासत का अनूठा उदाहरण है।

आज जिस अंतर्जातीय विवाह पर आज का अर्द्ध शिक्षित सभ्य वर्ग जातिविहीन समाज की आधारशिला रख रहा है, हमारे प्राचीन सभ्यता में ऋषियों ने अनुलोम और प्रतिलोम विवाह को मान्यता दे रखी थी। मनु ने पति के नपुंसक, मृत, पतित हो जाने पर स्त्री के पुनर्विवाह को उचित और अनिवार्य बताया है। आज के वर्क प्लेस पर अगर अमीर न हो तो युवा विधवाएँ और तलाकशुदा स्त्रियाँ आसान शिकार के तौर पर देखी जाती हैं, विधवा विवाह तो किस चिड़िया का शाम है ये हमारा आधुनिक समाज जानना भी नहीं चाहता।

हाँ, हर व्यवस्था कुछ अवगुणों का शिकार हो जाती हैं तो हमारा सनातन समाज भी हुआ।

आप अगर देखें तो मुसलमान बनने की प्रक्रिया सत्ता की धौंस में हुई या धोखेसे हुई जैसे जल स्रोत मे निषिद्ध बस्तु मिश्रित कर उन्हें अनजाने में खिला कर या विवाह करके। ईसाइयों ने शिक्षा, चिकित्सा और सामाजिक समता की छवि दिखा कर जनजातियों का धर्म परिवर्तन जरूर करवाया है पर आप एक भी नाई, बढ़ई, सुनार, मेहतर, डोम या भंगी को सामूहिक रूप से ईसाई बनते नहीं दिखा सकते।

इस आजीविका आधारित जाति या वर्णाश्रम के कारण ये जातियाँ स्वेच्छा से धर्म परिवर्तन को कम हीं स्वीकार करती दिखाई देती हैं पर जनजातियों मे अवश्य हीं यह दिखा है तो ये भी सच है कि जंगलों मे वर्ग विभाजन आजीविका के आधार पर न हुआ है और न हो सकता है।

तो संक्षेप में यह माना जा सकता है कि जाति ने धर्म परिवर्तन को अगर रोका नहीं है तो उसे हतोत्साहित अवश्य किया है।

९. सनातन धर्म और सहिष्णुता

श्री चैतन्य महाप्रभु ने लिखा है

-

तृणादपि सुनीचेन तरोरिव सहिष्णुना
अमानिना मानदेन कीर्तनीयः सदा हरिः॥

इसका पद्यानुवाद खाकसार ने कुछ यूँ किया था कि

खुद को तिनके से भी तुच्छ मानता जो नर

रहता है तरु सा सहिष्णु संयमी धरा पर

मानरहित हो जो देता सम्मान सम्मान किसी को

हरि कीर्तन का है केवल अधिकार उसी को॥

ये पंक्तियाँ इतना बताने के लिए काफी है कि सहिष्णुता सनातन धर्म का अस्थिविन्यास है जो अन्य मतों यथा इस्लाम, ईसाइयत, यहूदी, पारसी, जैन, बौद्ध, सिख, आर्य समाज, ब्रह्म समाज आदि में कदापि उपलब्ध नहीं है। कारण ये सारे संप्रदाय किसी अन्य के प्रति अवमानना, द्वेष, हीनता, स्वयं के प्रति गर्व की पैदाइश हैं जबकि सनातन धर्म ही नहीं बल्कि जीवनशैली है। आपका हर विचार सनातन धर्म की सीमारेखा के अंदर ही आएगा। हमारी परंपरा में व्रत करना भी यम नियम का हिस्सा है और भोजन करना भी। विचारों का वैविध्य पूर्ण संघर्ष सनातन धर्म में एक नये दर्शन को जन्म देता है जबकि अन्य संप्रदायों में ईशनिंदा कानून का। ईसा का करुणा सिद्धांत यहूदी और मुसलमानों के मामले में फुस्स हो जाता है तो यहूदी का सिर्फ सनातन से ही छत्तीस का आँकड़ा नहीं है।

सनातन का अहिंसक और अव्युत्क्रमणीय चरित्र ईसाई, इस्लाम, बौद्ध, जैन, आर्य समाज, सनातन धर्म का ईसाई संस्करण ब्रह्म समाज आदि के लिए बेहतरीन पौधशाला बन गया। सनातन धर्म के गोदाम से इन खुदरा विक्रेता सरीखे मतों या

संप्रदायों की दूकानें भरी जाने लगी पर मतावलंबियों के रिवर्स औस्मोसिस को रोकने के लिए ईशनिंदा, कुफ्र, खुले आचार विचार, हिंदू समाज की परंपराओं पर दकियानूसी होने का आरोप / प्रलोभन देकर नव दीक्षितों का व्युत्क्रम प्रवाह रोका गया।

मेरे सारे शब्द विन्यास का तात्पर्य बस इतना है कि सनातनेतर संप्रदायों की उत्पत्ति हीं निजी महत्त्वाकांक्षापूर्ति, द्वेष, घृणा, प्रलोभन,, भय और सनातनियों के अज्ञानता सह दरिद्रता आदि के शोषण व दोहन का परिणाम है। आजादी के खुले वैचारिक दौर में भारतीय परिदृश्य में आयातित साम्यवाद ने भी सनातन की परंपराओं को कुरीति का नाम देकर अधिकांश शिक्षित युवाओं में बुद्धिजीवी बनने का वायरस डाला और एक बेहद जुझारू क्रांतिकारी शहीद भगत सिंह के हाथों में मार्क्स, लेनिन, माओ आदि की रचनाएँ थमाकर (और गुरुग्रन्थ साहिब हटाकर) साम्यवाद का नया शुभंकर जैसा एक अपना अलहदा चे ग्वेरा बना लिया। पता नहीं सुखदेव और राजगुरु के फांसी के फंदों में क्या कमी रह गई कि उनमें फ्रेडरिक एंजेल्स, स्टालिन या कास्त्रो की छवि भारतीय कम्युनिस्टों को नहीं दिखी। भगतसिंह की छवि का भी दोहन सदियों तक चलता रहेगा कारण उनका आतंकवादी होना वाम विचारक इतिहासकारों की कलम ने हीं लिखा है और उन्हें इस आरोप से मुक्त कराने की कोशिश भी पाकिस्तान के कोर्ट में हीं हो रही है, भारतीय कम्युनिस्ट तो कसाब और अफजल के सजा माफ कराने का अरण्यरोदन करवाने में व्यस्त हैं। भगतसिंह का चेहरा तो बस टी शर्ट के हैश टैग के लिए चाहिए।

तो आ जाइए फिर सहिष्णुता के ट्रैक पर।

सनातन धर्म में वैचारिक भिन्नता या ईश चरित्रों की निंदा तक पोषित होने पर सर्वदा नए दर्शन की जन्मदात्री रही है। दैहिक अंतरंगता की मुक्त चर्चा को असामाजिक और दंडनीय या तिरस्करणीय मानने वाला हमारा पूर्ण धार्मिक समाज वात्स्यायन और चार्वाक को ऋषि तुल्य ही स्वीकार कर उन्हें एक नये जीवन दर्शन का पुरोधा मानने में देर नहीं करता है। एक ओर जहाँ तैंतीस करोड़ देवी देवताओं

की उपस्थिति हमें श्रद्धा पोर्टेविलिटी की आध्यात्मिक विकल्प देने को आतुर है वहीं दूसरी ओर विभिन्न ऋषियों के दर्शन हमें आध्यात्मिक आलोचना के परास में परब्रह्म को भी लाने का हक देता है। एडम ईव से अब्राहम, मूसा, ईसा और हजरत मुहम्मद तक को दिव्य अवतार मानने वाले सारे सनातनेतर ज्ञानी लोग ओल्ड और न्यू टेस्टामेंट से तथा कुरान के परे झाँकने की जुर्रत भी नहीं कर सकते। अगर सपने में भी किया तो यहोवा, गॉड और अल्लाह के सहिष्णु बंदे ईशनिंदा कानून की ओट से कब धर्मयुद्ध या क्रुसेड छेड़ दें और फिर उस ज्ञानी को न कनफेसन बचा पाएगा न तौबा।

पर सनातन धर्म का हर केन्द्रीय पात्र अपने पूर्ववर्ती की ऐसी तैसी कर देता है और महान हीं रहता है और जनाब ये है सहिष्णुता बरना इस्लाम यजीद को, यहूदी ईसा को और ईसाई ईसा के तेरहवें शिष्य को उसी सिद्दत से ढूंढ रहा है जैसे शिवानी की कहानी ' सती ' में मदालसा सिंघाड़िया को तीनों सहयात्री ढूँढते रह जाते हैं ।

भगवान शिव का आलोचक उनके ससुर दक्ष प्रजापति हैं तो कृष्ण का शिशुपाल और गांधारी । राम की बैंड पहले रावण और फिर धोबी बजा रहा है तो कभी बर्बरीक के आगे हमारा सदेह परब्रह्म विवश दीखता है।

रावण को सीता हरण का दोषी मानकर भी शिव ताण्डव स्तोत्र का महत्व कभी कम नहीं किया गया। बराबरी का योद्धा होने पर भी राम रावण वध के कारण ब्रह्म हत्या के दोषी रहे। एक पत्नीव्रत को ध्येय और अनुकरणीय मानकर भी सनातन धर्म में बहुपति और बहुपत्नी प्रथा का उल्लेखनीय उदाहरण मिलता हीं रहा है।

जरासंध के डर से भागने वाले को सनातन धर्म में ईश्वर माना गया पर ईश्वर को भी परास्त करने वाले को विशेष आदर नहीं मिल पाया है। अनुलोम प्रतिलोम विवाह की व्यवस्था अंतर्जातीय विवाह को सामाजिक मान्यता देता है जो सामाजिक समरसता के समर्थक छद्म सेकुलर आज तक न कर पाए हैं । कोर्ट समर्थित अंतर्जातीय विवाह के नव दंपत्ति अगर स्वावलंबी न हुए तो वे न इधर के रहे न उधर के रहे।

सनातन धर्म की सहिष्णुता का प्रभाव हीं है कि महेश योगी, रविशंकर, मोरारी बापू, ओशो आदि के लिए आदर की कमी न रही पर पथभ्रष्ट कई स्वयंभू भगवान जेल की रोटियाँ तोड़ रहे हैं। इस्लाम आजतक अल्लाह का अगला पैगम्बर सोच नहीं पाता और कुरान को आखिरी किताब मानकर शरीअत की छतरी के नीचे पूरी दुनियाँ को लाना चाहता है और ईसाई समुदाय हर उपलब्ध भाषा में बाइबिल छपबाकर गॉड का चुनावी घोषणा पत्र बाँट रहा है। और अपनी मजबूरी ये है कि इन असहिष्णु समुदायों के विधवा प्रलाप सुनकर हमारी शान्तिप्रियता पर प्रश्न चिह्न लगाया जा रहा है।

गुरुद्वारे में मत्था टेकना हो या दरगाहों की चादर चूमनी हो, हम सनातनी ही सबसे आगे हैं। लखनवी बीफ कबाब पर बैन हो या पोर्न साइट पर विद्रोह का परचम उठाए हाथ किसी सनातनी के हीं होंगे। मुस्लिम लीग, कम्युनिस्ट पार्टियाँ, मिशनरी स्कूल और सूफियों की मज़ारें सनातन बहुल देशों में हीं संभव है। इस्लाम, ईसाई और यहूदी देशों में शायद ही वामपंथी झाड़ उगी हुई पाएँगे आप। साम्यवादी देशों में तो नाम रखने के लिए भी दिशा निर्देश जारी होता है कि बच्चे का नाम अल्फ्रेड चांग होगा या मोहम्मद चांग या सिर्फ चांग। सबरीमाला, शिंगणापुर आदि में रजस्वला नारियों का प्रवेश हेतु संघर्षरत प्रगतिशील जत्था सौ साल पहले तक यह मानता था कि औरतों के मुँह में मर्दों से कम दाँत होते है और इस बात की वजह नहीं बता सकते कि औरतें जमात के साथ मस्जिद में नमाज क्यों नहीं पढ़ सकती हैं या भारत की एक दयालु महिला को संत की उपाधि वरास्ते बैटिकन क्यों मिलती है या एक पारसी प्रेमी से विवाह करके कोई महिला पारसिन क्यों नहीं बन जाती।

स्वर्ण मंदिर में मात्रा टेकनेवाले, दरगाहों में चादर चढ़ाने वाले, लद्दाख के बौद्ध मठों के पर्यटक, दिलवाड़ा - पावापुरी के सैलानी, लोटस टेम्पल के टूरिस्ट ....

सबके सब अधिकतर सनातनी हीं मिलेंगे जबकि शायद ही किसी हिंदू तीर्थ स्थल पर अन्य मतावलंबी भ्रमण करते दिखें। वो तो असहिष्णु सनातन धर्म के चंगुल में

फँसे सबरीमाला, शिंगणापुर के मंदिरों में सैनिटरी नैपकिन के साथ उन तकलीफ भरे दिनों में हिंदू स्त्रियों को पहुँचाने का अभियान है तो थोड़े बहुत नास्तिक भी मंदिर के सिंहद्वार तक आ गये हैं (खासकर वामपंथी कार्यकर्ता भी जिनके पप्पा के अनुसार धर्म अफीम है और उसी अफीम का एक डोज दिलाने के लिए भाई लोग धार्मिक रेव पार्टी आयोजित कर रहे हैं ।)

सनातन धर्म की सहिष्णुता का आलम तो ऐसा है कि भारतीय फिल्मों में अमर, अकबर और एंथनी का बाप भी एक हिन्दू हीं होता है । अगर हिम्मत हो तो बाघा बॉर्डर पर मोमबत्ती जलाकर कोई अर्द्धहिंदू फिल्मकार किसी अहिन्दू पिता की संतति को अमर, एंथनी और नेतन्याहू बनाकर दिखाए। दो मिनट में सहिष्णु असनातनियों की शान्तिप्रियता परदे से बाहर आ जाएगी। इन पंक्तियों के लेखक ने लगभग हजारों कीमती घंटे हिन्दी फिल्मों को देखकर जाया किए हैं पर एक प्रतिशत फिल्मों में भी अहिंदू महिला के साथ शीलहरण का न तो रेप सीन दिखाया गया है न इसकी चर्चा हुई है।

पर असहिष्णु कौन .... हम सनातनी ।
बस एक शेर से ये किस्सा तमाम करता हूँ ....
मुहल्ले की मस्जिद में जो जा न पाए
मदीने में मरने का हक चाहते हैं ।।

१०. ब्राह्मण

एक बार फिर प्रिय शिष्य

ने फिर लिखने का मुद्दा दे दिया । शासन हमेशा एक समान विचारधारा के हिमायतियों के हाथों में झूलती रही है वह चाहे वंश आधारित हो, धर्म केन्द्रित, पंथ निरपेक्ष या व्यावसायिक स्वार्थनिष्ठ अर्थात् सत्ता प्राप्ति हेतु सामूहिक एकता अनिवार्य है। संस्कृत का एक श्लोक है ...

व्याघ्रानां महती निद्रा, सर्पाणाम् च महद् भयम्।

ब्राह्मणानाम् अनेकत्वं तस्मात् जीवन्ति जन्तवः ॥

अर्थात् शेरों में अधिक सोने की प्रवृत्ति, साँपों में अधिक डरने की आदत और ब्राह्मणों में एकता के अभाव की वजह से हीं इस धरा पर सभी जीव जी रहे हैं। वरना अगर शेर सोना कम कर दे, साँप डरना छोड़ दे और ब्राह्मण एक मत हो जाएँ तो कोई भी इन्हें चुनौती नहीं दे सकता। यह है व्यंग्य ब्राह्मण के द्वारा ब्राह्मणों पर। ऐसा कटाक्ष किसी और वर्ण के व्यक्ति ने अपने सजातीयों पर शायद हीं किया हो।

आपने ब्राह्मणों के अमीर न होने के मेरे दावे और साक्ष्य पर एक लंबा कमेंट डाला जिसमें ब्राह्मण राजाओं की सूची थी । सूची के हूवाट्सएप यूनिवर्सिटी के रिसर्च विंग की खोज होने से इनकार नहीं हो सकता है।

मैं ब्राह्मणों की राजनीतिक महत्वाकांक्षा से पूर्णतः इनकार करने की इच्छा नहीं रखता हूँ पर सेकुलर एजेंडा नामक अपनी किताब में श्री अरुण शौरी लिखते हैं कि ब्राह्मण एक मात्र वर्ण है जो अपनी विपन्नता को भी सगर्व स्वीकार करता है और गरीबी के कारण कदापि हीन भावना से ग्रस्त नहीं होता।

ब्राह्मण अकेली कौम है जो आधुनिक चकाचौंध से दूर रहकर आज भी अपनी पूरी आयु सनातन धर्म की वेदी पर निछावर कर देता है, और यजमानों, शिष्यों, के

कल्याण हेतु अमरनाथ की दुर्गम गुफा से लेकर गंगा के अनजान घाटों पर पूरी जिंदगी प्रतीक्षारत रह कर बिता देता है।

खैर।

एक जिम्मेदार युवा जब ब्राह्मणों के अमीर न होने के दावे पर प्रत्युत्तर में ब्राह्मण राजाओं की सूची पोस्ट करे तो हर्ष होता है और विस्मय भी कि किसी एक के राजा बनने से पूरा विप्र समूह धनवान कैसे हो सकता है ? जैसे रामविलास पासवान के मंत्री होने से गरीब पासवान समुदाय को क्रीमी लेयर में सूचीबद्ध कर दिया जाए।

अगर मुगल शासक बने तो आज भी कई मुसलमान जमींदार मिल जाएंगे। राजपूत क्षत्रप तो हर जगह मिलेंगे जो सूर्यवंशी राम से लेकर महाराणा प्रताप और पृथ्वीराज तक को गर्व से अपना पूर्वज मानते हैं। मैं उनकी कुल परंपरा को प्रणाम करता हूँ पर क्या आपने एक भी ऐसा ब्राह्मण देखा है जो कहे मैं शुंग वंश का हूँ या मैं सातवाहन राजवंश के गौतमीपुत्र सातकर्णी या वाशिष्ठीपुत्र पुलुमायी का वंश से हूँ। ब्राह्मण धन को हाथ का मैल नहीं चरणों की धूल से भी निकृष्ट मानता है और आज भी कर्म दक्षिणा पैरों पर ही रखवाता है।

आज भी विप्रों के गोत्र होते हैं वंश नहीं और ये गोत्र भी वनवासी विपन्न ऋषियों के नाम पर थे। धन की प्रचुरता विप्र को शूद्र कोटि में डाल देता था और है भी।

अगर कोई विप्र शासक बना भी तो क्या उसके अत्याचार के सबूत मिला है। कान मे पिघला हुआ शीशा भरने वाली बात भी कल्पना हीं है। शायद एक रैयर आफ दि रेयरेस्ट विधान हो भी पर आज तक मुझे एक भी असवर्ण ऐसा नहीं मिला जिसके किसी पूर्वज के कान में पिघला हुआ शीशा भरने की बात सिद्ध हुई हो। ले दे कर बात शंबुक के आसपास हीं थिरकती हुई दीखती है जिसका एक अब्राह्मण राम ने कुछ किया भी हो पर किसी ब्राह्मण ने कुछ किया इसका सबूत नहीं मिलेगा।

अरे भाई गरीब ब्राह्मण पिघलाने के लिए काँच कहां से खरीदेगा और उसे पिघलाने के लिए प्रचंड ऊष्मा स्रोत कैसे बनाएगा ? और हो भी गया तो एक कलछुल चाहिए पिघला शीशा कान में भरने के लिए।

उस पर भी गजब कि निहत्थे ब्राह्मण से शीशा कान में भरवाने हेतु वह तथाकथित शूद्र बैठा रहेगा .... भागेगा नहीं। मतलब उसे रोकने के लिए तो एक प्रहरी या सैनिक तो होना हीं चाहिए जो कोई ब्राह्मण (क्योंकि उन सबमें एकता का अभाव जो है) तो बनने से रहा और जहाँ तक मेरा मत है कि ब्राह्मण छोड़ कर किसी शूद्र के कान में पिघला हुआ शीशा भरने में इण्टरेस्टेड कोई ब्राह्मणेतर शायद हीं हो। और अगर हो भी गया तो उस ब्राह्मण का पूरा समय तो शीशा प्रकरण और तदुपरांत हुए शूद्र हत्या में समाप्त हो जाएगा, बेचारे ब्राह्मण का दो अहोरात्र तो गए वेद पाठ के वगैर और ५ घरों में भिक्षाटन भी तो करना था वह भी किसी अब्राह्मण के दरवाजे पर जा कर क्योंकि एक भिक्षुक दूसरे भिक्षुक को क्या देगा। और एक बात, इस हत्यारे ब्राह्मण को कौन अब्राह्मण समाज भीख देगा क्योंकि यदि यह गलत था तो एक अपराधी ब्राह्मण का साथ देने वाला भी अपने समाज में अपराधी हीं माना जाता।

एक बात और कि शम्बुक के साथ राम ने कुछ बुरा किया शायद हत्या कर दी पर आज अगर सरनेम देखा जाये तो उसी शूद्र तबके में सबसे ज्यादा राम उपनामधारी मिलेंगे। अब अपने पूर्वज के हत्यारे का नाम को अपने सरनेम में लगाने वाले लोग क्या इतने भोले हैं ?

इसलिए दलित चिंतन के शंबुकवादी मृगमरीचिका से निकलिए, ब्राह्मण के शैक्षिक और आध्यात्मिक विरासत के प्रति आदर रखिए।

क्योंकि ब्राह्मण है तो सनातन धर्म है और सनातन धर्म है तो यह भारत।

११. सोने की चिड़िया या बेरोजगारों का देश भारत

हड़प्पा मोहेन जो दाड़ो या वैदिक काल,

नंद वंश या शुंग वंश,

इब्ने बतूता हो या ह्वेन त्सांग,

गुप्त काल या मुगल काल,

महमूद गजनबी या नादिर शाह,

हर काल खंड में हमारा भारत एक समृद्ध देश था तभी तो कोई बसने आया तो कोई लूटने।अगर भारत में गरीबी,

भुखमरी,

अराजकता होती तो साधुओं की लंगोटी चुराने और साँपों से कटवाने भला कौन आता । अगर बेरोजगारी होती तो यूनान और इटली के बाजारों की तरह गुलाम बिका करते पर हरिश्चंद्र की कथा छोड़ कर ऐसा जिक्र पुराणों में भी नहीं आता है । फिर मुगलों के अवसान के बाद अंग्रेजी शासनकाल में ऐसा क्या हुआ कि भारत बाढ़ और भूकंप का केंद्र,

अकाल और अशिक्षा का ठिकाना,

साँप और साधु का देश,

विकसित से पिछड़ा तथा भिखारियों का समूह बन गया। कुछ तो हुआ पर क्या?

हमारे गौरांग अंग्रेज, डच, फ्रांसीसी, पुर्तगाली मित्रों ने अमेरिका, लैटिन अमेरिकी देशों, आस्ट्रेलिया, अफ्रीका, अरब देशों की कबीलाई समूहों पर कब्जा कर उन देशों की प्राकृतिक संपदा हड़पना शुरू किया तो ये कहकर कि हम इन असभ्यों को

सभ्य और शिक्षित बना रहे हैं। मजे की बात ये कि इन पाइरेट्स की खोज का मौजूँ भारत हीं रहा। कोलंबस की सांस्कृतिक भूल आज भी वेस्ट इंडीज के नाम से क्रिकेट के आकाश में चमक रही है। और इन डाकुओं ने इस मामले में वैश्विक स्तर पर एक दूसरे का समर्थन किया और लगभग सभी देशों / उपनिवेशों में अपनी श्रेष्ठता की चौधराहट भर दी। पर जब पुर्तगालियों ने गोवा के तट को छुआ तो वह भूमि इतनी सांस्कृतिक पतन से ग्रस्त है कि परिवार के सभी लोग वहाँ अलग अलग जाना पसंद करते हैं और सांस्कृतिक विदुर भाजपा भी वहाँ बीफ परोसती दिखती है। तो बात पुर्तगालियों हो रही है और इन लोगों ने नंगों को दावत दे दी या कहें कि लुटेरों को बेटी की शादी वाला घर दिखा दिया।

संप्रदाय संवर्धन ने इनकी राह आसान आसान बना दी। आदिवासी, वनवासी, दलित और अछूत इनके आध्यात्मिक शिकार बने और क्लाइब और वारेन हेस्टिंग्स ने ईस्ट इंडिया कंपनी के कई जहाज गंगा जमुनी दोआब पर चढ़ा दिये। मीरजाफरों ने विजय मार्ग को कंटक मुक्त किया और याद कीजिए बंगाल में अकाल पड़ा।

पर इन आक्रान्ताओं को जब भारत के अनोखे सामाजिक प्रोफेशनलिज्म का पता था जिसे तोड़ कर एक वैषम्य एक असंतुलन एक असंतोष पैदा किया जा सकता था। सामाजिक समरसता को समस्या का रूप दिया जा सकता था, संयुक्त पारिवारिक संरचना को ध्वस्त किया जा सकता था। उन्हें पता था कि शत प्रतिशत भारतीय अपनी आवश्यकता के लायक शिक्षित और प्रशिक्षित था। तो आवश्यकता थी भारतीय स्वशिक्षा को नाश कर एक विचित्र शिक्षा व्यवस्था को लाने की जिसमें सहभागिता दी राजा राम मोहन राय सरीखे बुद्धिजीवियों ने। लार्ड मैकाले ने लिपिक व टंकक बनाने वाली शिक्षा की आधार शिला रखी जिसके जाल में भारतीय युवा आज तक उलझा हुआ है। ये शिक्षा पद्धति पत्नी को बताती है कि पति ने खुद नौकरी के चयन और उसे किचन की दीवारों में बांध कर उनके करियर से खिलवाड़ किया है। पुत्र को सिखाया कि इतनी उच्च कोटि का ज्ञान प्राप्त कर गांव में जीवन बिताना और माता पिता की सेवा में जीवन नष्ट कर देना गँवारों का काम है और प्रतिभाओं की कद्र गाँवों में कहाँ।

गाँव के हुनरमंद कामगारों को आधुनिक शिक्षा दिला कर उनकी पुश्तैनी रोजगार को समाज के तथाकथित उच्च वर्ग की सोची समझी साजिश बता कर उस काम को करने को प्रेरित किया जो उनके लिए नया था, इसमें कभी वे सफल हुए तो कभी असफल। सफलता को उच्च वर्ग के मुँह पर जबरदस्त तमाचा बताया तो असफलता कॅ ढकने के लिए उन्हें first generation learners बता कर आरक्षण का झनझुना पकड़ा दिया। और एक अंतहीन वर्ग संघर्ष का शंखनाद हो गया। स्किल बेस्ड प्रोफेशनल, नालेज बेस्ड काम की तलाश में शहर का मजदूर बन गया। अपने जमीन से दूर रहने पर जब अर्जित वेतन से घर चलाने में असुविधा होने लगी तो पत्नी ने भी अपनी क्षमतानुसार नौकरी कर पति का साथ दिया और फिर बनी ऐसे बच्चों की खेप जिसे एकाकी बचपन का दंश झेलना था। अब गाँव में दादाजी पोते की याद में खोए रहे और शहर में प्रोफेशनल माता पिता का बच्चा आया के भरोसे या हॉस्टल में पलता रहा।

इस तरह के आधुनिकता के अंधे दौड़ में गाँव की संरचना बिखर गई। गाँव का कारीगर शहर का मजदूर बन गया। कृषि प्रधान देश की खेती शहरीकरण की भेंट चढ़ गई। शस्य श्यामला धरा सौ सौ वर्ग गज के आवासीय प्लाट मे बँट गई। खेती करना अनपढ़ का काम रह गया। गोचर भूमि और नदियों के सहायक प्राकृतिक नहरों और नालों को भरकर उन्हें खेती योग्य जमीन में मिला दिया गया तो बाढ़ का संकट अपने आप उत्पन्न हो गया।

प्राचीन काल के गुरुकुल शिष्यों को जीवनोपयोगी शिक्षा देते थे, कुछ कृषि कार्य सीखते थे तो कुछ युद्ध कला। कुछ गणित का व्यावसायिक पक्ष सीखते थे तो कुछ ज्योतिषीय और खगोलीय भाग। कुछ पशु पालन सीखते थे तो कुछ आयुर्वेद। कुछ को गुरु बास्तु शिल्प का ज्ञान देते थे कुछ को वेद का ज्ञान। पर सबकी शिक्षा उनके भविष्य, आजीविका, अभिरुचि और देश काल को देखकर और तदनुसार काम आने वाली होती थी।

अंततः पाश्चात्य शिक्षा ने जो उत्पाद आधुनिक भारत को प्रचुर मात्रा में सौंपा वह था बेरोजगारी और बेरोजगारों की फौज। कारण भी उस शिक्षा में हीं छिपा है। इस पद्धति से शिक्षित तबका सिर्फ़ पढ़ना पढ़ाना जानता था। रोटी के लिए चाकरी अनिवार्य हो गयी क्योंकि खेती और स्वरोजगार को तो यह शिक्षा पहले हीं तिरस्कृत कर चुकी थी वंशानुगत वर्णव्यवस्था की आलोचना करके। अब बच गई थी क्लर्की और टाइपिस्ट की नौकरी, साहब तो अंग्रेज हीं होते थे या अति कठिन आई सी एस, पी सी एस परीक्षा उत्तीर्ण काले अंग्रेज। वे जन्म से भारतीय पर चरित्र से विदेशी थे। पढ़ाई को अंग्रेजी माध्यम से आम आदमी के पहुँच से दूर कर दिया गया था। प्राइमरी स्कूल से कम मिडिल स्कूल, मिडिल से कम हाई स्कूल और हाई स्कूल से कम कालेज ये बताने के लिए काफी हैं कि विदेशी आक्रांता का लक्ष्य भारतीयों को अशिक्षित और अल्पशिक्षित मात्र बनाना था और शिक्षितों को अतीत के लिए अपमानजनक चिंतन प्रदान करना था वर्ना एक ही ऋषि संदीपनि ने कृष्ण को भी ऐसी शिक्षा दी कि कृष्ण अद्वितीय योद्धा, गीता का ज्ञाता और योग्य राजनीतिक व्यक्ति बना तो सुदामा एक अपरिग्रहशील विद्वान ब्राह्मण। द्रोण ने अर्जुन को धनुर्धर बनाया, भीम दुर्योधन को मल्ल योद्धा नकुल को पशु विशेषज्ञ, युधिष्ठिर को राजनयिक और सहदेव को भविष्य द्रष्टा।

पर उपनिवेशवाद ने देश की मूल संरचना को बिखेर डाला और आज उस अतीत के सोने की चिड़िया भारत चहकना भूल कर आधुनिकता की आपाधापी में स्वार्थ के दस्तरख्वान पर कब कबाब में बदल जाए, क्या पता ?

जाने कहाँ गए वो दिन।

१२. हिंदू धर्मनिरपेक्षता के साइड इफेक्ट्स

क्या आप जानते हैं कि साम्यवादी विचारक वहीं पनपते हैं जहाँ कायर कौमों की कमी नहीं होती है? और इस कायरता का आभिजात्य स्वरूप है सेक्यूलरिज्म। यह आभिजात्य चेष्टा जन्मजात नहीं होती है । यह फितरत कालेज की उपज है ।

वही मैकाले की क्लर्क उपजाऊ शिक्षा का अवदान।

और हर कायर कौम का धर्म इन नवोदित बौद्धिक मुक्केबाजों का पंचिंग बैग है जो इन पंचों के प्रपंच पर कोई प्रतिक्रिया व्यक्त करने की हिम्मत नहीं रखते और बहाने बड़े उदात्त बनाते है जैसे मानवता सबसे बड़ा धर्म, धार्मिक मान्यताएँ दकियानूसी परंपरा और गँवारपना आदि आदि ।

कभी आपने इन साम्यवादी बुद्धिजीवियों को इस्लाम, ईसाइयत, यहूदी, शिन्टो या पारसी धर्म की कुरीतियों, कुप्रथाओं और रूढ़ियों के खिलाफ बोलते सुना है?

अगर हाँ तो बताएँ कि कब कहाँ और कैसे।

पर मैं जानता हूँ आप हाँ कह नहीं पाएँगे । कभी अंग्रेजी में ब्लासफेमी शब्द सुना है, इसका अर्थ है ईश निंदा। ये हर नये धर्म में अलग अलग नाम से पाया जाता है। मंसूर, ईसा मसीह, और हजरत मुहम्मद भी ईर्ष्या और नफरत की वजह से ईश निंदा का शिकार हुए हैं। मर्चेंट आप वेनिस में यहूदियों से नफरत ईसाइयत के विश्व बंधुत्व को बताने के लिए काफी है। येरूशलम में तीन तीन धर्मों का नाभिनाल गड़ा हुआ है पर इक्के दुक्के पाश्रात्य प्रगतिशील धर्मावलंबियों की भी हिम्मत नहीं कि ईसा के जन्म स्थान को देख लें अगर इजरायल की सम्मति न हो तो। बैटिकन का डर इतना है कि अब्बा के दबदबे के चलते complaint of nun को complaint of none बना दिया गया वह भी उस देश में जिसके संविधान में उसकी भी घोर आस्था है जो उस देश के टुकड़े होने के नारे लगाता है

इस्लामाबाद हो या मैकलुस्कीगंज, गोल्डिनगंज हो या अमीनाबाद, फैजाबाद या कुछ और सन् 600 ई0 से पहले क्या ये नाम रहे होंगे ? इलाहाबाद का मूल शब्द इलाही, हजरत मुहम्मद के बाद हीं अस्तित्व में आया होगा पर गंगा, यमुना और सरस्वती की त्रिवेणी तो सतयुग के समुद्र मंथन से भी प्राचीन है। अब सभी प्रगतिशील साम्यवादी लोग बतायें कि समुद्र मंथन के समय इलाहाबाद के नामकरण की संभावना ज्यादा होगी या प्रयाग की।बारह बरसों पर आयोजित कुंभ का इतिहास तो ब्रह्मा और वैवश्वत मनु के समय से प्रमाणित है। हाँ पुराणों और उपनिषदों को सत्यता स्थापना के लिए नव प्रगतिशीलों के सत्यापन की जरूरत नहीं है।

कलकत्ता या कोलकाता, मद्रास या चेन्नई, उदकमंडलम या ऊटी, बर्मा या म्यांमार, गोल्ड कोस्ट या घाना, रोडेसिया या जिम्बाब्वे और जाम्बिया, लेनिनग्राद या सेंट पीटर्स वर्ग ....लिस्ट लंबी है हाथरस से महामायानगर और कासगंज से कांसीराम नगर तक। और तो और गांधार प्रदेश जब भी भीष्म गये होंगे तो क्या उस समय अफगानिस्तान नाम रहा होगा?

पर समस्या तब होती है जब कोई खट्टर गुड़गावाँ को गुरुग्राम करके आपकी वर्तनी तो सुधारता हीं है साथ साथ द्वापर युगीन गुरु द्रोण के आश्रम की गरिमा भी स्थापित करता है और कोई योगी प्रयाग की सतयुगी आभा को जब इलाहाबाद के साथ नेम स्वैप करता है। अचानक कब्र में छटपटाती अकबर इलाहाबादी की रूह काँप उठती है कि नेम चेंजर गेम कहीं मेरा आधार कार्ड बर्बाद न कर दे पर वहीं वे इस बात पर गौर नहीं फरमा पाए कि काका हाथरसी अपना नाम काका महामायानगरवी रखेंगे क्या ? गजब तमाशा यह है कि प्रयाग के पुनर्नामकरण के मुद्दे पर वो सेकुलर साम्यवादी भी टोटल सियापा कर रहे हैं जो सेंट पीटर्सवर्ग के लेनिनग्राद नामकरण पर हर्षित थे।

आप कह सकते हैं कि नाम में क्या रखा है। सच है पर हाल तो अल्फ्रेड पार्क, रेसकोर्स, वाइस रीगल लाज नाम रहने पर भी वैसा हीं था जो आज है फिर बदलाव क्यों ?

दरअसल परिवर्तन से परहेज नहीं है इन मैकाले, मार्क्स, लेनिन, एंजेल्स, माओ,चे गुवेरा के अवैध रिश्तेदारों को, समस्या है हिंदुत्व समर्थक नेतृत्व के निर्णय लेने से वरना अब तक तथाकथित छद्म सनातनी हीं ये काम करते थे, उड़ीसा से ओडिसा, बंबई से मुंबई, मद्रास से चेन्नई, हाथरस और कासगंज के नये नाम इन्हीं सनातन चर्मावृत अ-जीव प्रगतिवादियों द्वारा हुई है।

इसका कारण है हिंदू समाज की आत्ममुग्धता, अवसरवादिता, धर्म के मामले में सुविधाभोगी प्रवृत्ति है।

इस्लाम के समर्थक अपने हर फर्ज को कर्ज मानते है और फर्ज की अदायगी कर्ज चुकाने की तरह जरूरी मानते है फिर चाहे रोजा हो नमाज या जकात।

पर ये भेंड़चाल सनातनी पुरुष मंगलवार को फल खाकर व्रत करते हैं पर एकादशी का व्रत जानते भी नहीं और स्त्रियाँ प्रगतिशील मोर्चा के साथ मिलकर सिंगणापुर और सबरीमाला में दर्शन के लिए संघर्षरत रहती हैं भले हीं पड़ोस के मंदिर में कभी एक दिया न जलाया हो और घर की कुलदेवी का नाम आजतक सास से पूछा न हो।

यही सुविधा भोगी हिंदुओं की भीड़ हिंदू समाज को उसके अतीत से नफरत करना सिखा रही है, वामपंथी इस यज्ञ के पौरोहित्य का दायित्व निभा रहे हैं और केरल को केरलम् का नया नाम देने का प्रस्ताव ला सकते हैं और त्रिपुरा व बंगाल को बिसरा चुके हैं ।

इसी शुतुरमुर्ग सरीखे सोच की वजह से आज सुप्रीम कोर्ट के मी लार्ड दीवाली के पटाखे फोड़ने का दो घंटे का मुहूर्त चस्पा कर रहे हैं पर बकरीद की कुर्बानी के बहते खून की पवित्रता पर मुग्ध हैं जबकि नये साल के पटाखे, शादी के पटाखे पर वैसी प्रतिक्रिया नहीं सुना रहे और कारण है सनातनियों की कायरता।

वह दिन दूर नहीं जब प्रदूषण के मद्देनजर गंगास्नान कोर्ट द्वारा अवैध घोषित किया जाएगा और शायद शवदाह के लिए ग्रीन ट्राइब्यूनल की स्वीकृति अनिवार्य होगी।

दुर्गा पूजा कानून की भेंट चढ़ गया है, जल विहीन होली का आह्वान सब कर चुके हैं, पटाखे बैन होने की कगार पर हैं, अखबारों में गमलेमें गणेश विसर्जन का डेमो दिया जा रहा है, केले का गणेश बनाकर और उन्हें पका कर बच्चों में प्रसाद बांटने का चित्र प्रसारित प्रचारित हो रहा है पर ध्यान दीजिए आलू का ऊँट बनाकर कुर्बानी देने की सलाह नहीं आ रही, संथारा के समर्थन पर रोक नहीं है, चर्च में एल इ डी बल्ब वाली मोमबत्तियाँ जलाकर कार्बन डाई आक्साइड रोकने की सलाह नहीं सूझ रही.......किसी न्यायाधीश को,आखिर क्यूँ। जवाब एक है हिंदू समाज की बौद्धिक, दैहिक और आध्यात्मिक कायरता।

बस उस दिन का इंतजार करिये मनु के वंशजों ! जब कोर्ट का आदेश आएगा कि अपने घर के बुजुर्गों की मृत देह जलाकर पर्यावरण को नुकसान न पहुँचाएँ बल्कि उनके कंकाल सुरक्षित रखकर अपने बच्चों को एनाटामी पढाएँ, डाक्टर बनाएँ।

१३. माइथॉलाजिकल रामा के बहाने से

ये कहना कि हमारे गौरांग शासकों ने सनातन धर्म के लिये कुछ नहीं किया,

पूर्णतया असत्य है। उन्होंने सनातन धर्म को अकारान्त शब्दों के अन्त में एक अतिरिक्त डंडी जो सिर्फ़ सनातनियों के इतिहास,

धर्माचरण,

आचार

-

विचार,

पुराण,

उपनिषद,

वेद,

महापुरुषों और ग्रन्थों

के नाम के अन्त में वैसे हीं लग जाता है जैसे कि वर्तमान सरकार के किसी भी कार्य की तारीफ़ करने पर आपके नाम के आगे भक्त, मोदी - मीडिया या चिण्टू लग जाता है या विरोध करने पर कांगी, वामी, गोदी मीडिया आदि विशेषण लग जाता है। अगर विश्वास ना हो तो ध्यान दें -

रामायणा, महाभारता, प्राणायामा, योगा, शंकरा, गणेशा, पुराणा, वेदा, उपनिषदा, कनिष्का, सातवाहना, चोला डायनेस्टी, गुप्ता पीरियड, रामा, बुद्धा, महावीरा .... कब तक और कितना गिनाऊँ ..... हरि अनन्त हरि कथा अनन्ता ।

और शब्द - संकरता देखनी है तो देखिये गैंगेज़, ब्रह्मपुत्रा, ब्राह्मिन या बिरहमन, क्षत्रिया, वैश्य नहीं वैश्या (इसी वज़ह से मेरे एक मित्र अपना टाइटिल वैश लगाते हैं वैश्य नहीं क्योंकि वैश्य के वैश्या में तब्दील होने का डर लगता है), शूद्रा आदि ....।

बोस, रोबिन्द्रो और औरोबिन्दो को छोड़ रहा हूँ कारण हमारे बंगाली (वैसे वे भी बेंगॉली हैं अंगरेज़ी में) सुह्रदों ने इस गौरकृपा को सर आँखों पे रख लिया है ठाकुर के बदले टैगोर को अपनाकर।

पर कभी आपको कुराना, अकबरा, किंग बाबरा (किंग इसीलिये जोड़ा है क्योंकि हमारे पास गुलशन बाबरा हैं), शेखा, सैयदा, मीर के बदले मीरा या पठान के बदले पठाना, ख़ान के बदले ख़ाना, जाफ़र के बदले ज़ाफ़रा, या कासिमा किसी अंग्रेज़ी मिडियम की किताब में मिला है क्या ? जवाब नहीं में हीं होगा। आपको जान कर ये आश्चर्य होगा कि दक्षिण अफ्रिका के एक खिलाड़ी का नाम निक बोये था जबकि उसे अंग्रेज़ी में BOJE लिखा जाता था । अगर असनातनी नामों के लिये ऐसे प्रावधान आंग्ल भाषा में हुए कि उनका उच्चारण विकृत ना हो तो फिर भारत में ऐसा क्या हुआ कि हमारे राम रामा हो गये ?

वज़हें कई हो सकती हैं । थोड़ा विचार करें !

इसके साथ एक और शब्द सनातनियों को मिला और वह है प्यारा सा नन्हा सा भोला सा शब्द माइथॉलाजी। भेड़ बकरियाँ चराते चराते एक गरड़िया शान्ति और प्रेम का एकमेव उद्घोषक बन जाता है और अखिल विश्व में शान्ति स्थापना के लिये अनवरत युद्ध का आह्वान कर देता है (जिसे आजकल जिहाद भी कहते हैं) पर इसके लिये माइथोलाजी शब्द नहीं है। एक कुँवारी अक्षत यौवना ईश्वर के पुत्र की माता बन जाती है पर ये माइथोलाजी नहीं है (वाम विचारकों और भारतीय बुद्धिजीवियों की नज़र में विज्ञान सम्मत घटना है) पर जिस मर्यादा पुरुषोत्तम राम और योगेश्वर कृष्ण की पूर्ण वंशावलियाँ उपलब्ध हैं वे रामा कृष्णा माइथोलाजिकल कैरेक्टर हैं। और ऐसा इसलिये है कि हमारे बुद्धिजीवी वामपन्थ की अभिसारिका

बनने में गर्व और भारतीय आर्य कहलाने में ग्लानि महसूस करते हैं। मजे की बात है कि राम नवमी की छुट्टी के बाद कोर्ट इस बात पर जिरह सुनता है कि क्या राम काल्पनिक थे ? राम सेतु कल्पना है या नहीं ? वही हिस्सा जब एडम्स ब्रिज़ कहलाने लगता है तो फिर वह माइथोलाजिकल नहीं कहलाता है। कोई उन कूढ़मगज़ गौरांगों से पूछे कि क्या ये एडम, एडम और ईव वाले हीं हैं क्या ? और अगर हाँ तो एडम ने समुद्रगुप्त से ठेका लिया था क्या ये पुल बनाने का ? अगर नहीं तो इडेन गार्डेन से कैप कैमोरिन आने की क्या ज़रूरत थी।

और अगर ये सब नकारते हैं तो ये एडम भाई कौन हैं जनाब ?

और ये माइथालोजिकल नहीं हैं ना कुराना में ना बाइबिल में ना अवेस्ता में।

ये शब्द माइथोलाजी और उसी का बच्चा मिथ बस सनातन धर्म को, उसकी विरासत को, उसकी परम्पराओं को आदिम, कपोल कल्पना और गरड़िये का गीत घोषित करने की वैश्विक साज़िश है जिसकी पैरवी करने वाले हमारे बुद्धिजीवी स्यूडो सेक्यूलर हिन्दू भाई बहन हैं। इसी माइथोलाजी से रोटी कमाकर कोई देवदत्त ये बताने की कोशिश नहीं करता है कि माइथोलोजी शब्द सिर्फ़ भारत और सनातन धर्म के प्रतिविम्बों पर हीं क्यों लागू होता है। बैटिकन साल दर साल सन्त बनाये जा रहा है पर दकियानूसी तो हिन्दू हीं होंगे क्योंकि ये माइथोलाजी शब्द हीं इन सनातनी मूर्खों के लिये मैकाले के पूर्वजों ने ढूँढा है। एक पहिये वाली स्लेज़ पर दौड़ दौड़ कर टाफ़ियाँ मौजे में रखकर जाने वाला सेण्टा मिथ नहीं है, अयोनिज ईसा मिथ नहीं है पर रामा मिथ है, कौरवा मिथ है, पाण्डवा मिथ है और कृष्णा मिथ है। मज़े की बात है कि एक स्वघोषिता इतिहासज्ञा ने ये बात कही है कि सम्राट अशोक के चरित्र को आधार बनाकर युधिष्ठिर का चरित्र गढ़ा गया और उसके समर्थन में कई बुद्धिजीवी खड़े हैं और अगर आपने ज्यादा जोर लगाया तो ये मोहतरमा वेदव्यास को राखालदास बनर्जी का शिष्य घोषित कर देंगी और वज़ह होगी गौरांगों के द्वारा दिया गया सनातन धर्म को एक शब्दांजलि माइथोलाजी।

एक और बात रामा की जन्म भूमि विवाद के ५ जजों का नाम है रंजन गोगोई, सुभाष ए बोबाडे, अशोक भूषण, एस ए नज़ीर, डी वाइ चन्द्रचूड न कि रंजना गोगोई, सुभाषा ए बोबाडे, अशोका भूषणा, एस ए नज़ीरा या डी वाइ चन्द्रचूडा फिर सोचिये हमारे राम रामा क्यों ?

ऐसा क्यों है ?

जवाब मेरे पास भी नहीं है ... सोचते रहिये आप भी अगर गर्व है आपको भारतीय होने पर।

www.ingramcontent.com/pod-product-compliance
Lightning Source LLC
LaVergne TN
LVHW041746190726
843493LV00008B/2467